VIDA Y MEMORIAS

DE CARLOS MONTENEGRO

COLECCIÓN POLYMITA

EDICIONES UNIVERSAL, Miami, Florida, 1988

ENRIQUE J. PUJALS

VIDA Y MEMORIAS DE
Carlos Montenegro

P. O. Box 450353 (Shenandoah Station)
Miami, Florida 33145, U.S.A.

© Copyright 1988 by Enrique J. Pujals

Library of Congress Catalog Card No.: 88-80535

I.S.B.N.: 0-89729-469-6

Depósito Legal: B. 15326-1988

Printed in Spain   Impreso en España

Impreso en los talleres de artes gráficas de EDITORIAL VOSGOS, S.A., Avda. Mare de Déu de Montserrat, 8, 08024. BARCELONA - España

Dedico este trabajo a Josefina; Edward y Patricia Ritter; Michael y Liliana Cosgrove, y Edward Henry Ritter.

ALCARACIÓN

Debido al carácter tímido y reservado de Carlos Montenegro no habíamos tenido datos concretos sobre su vida y su obra hasta que se publicó *La obra narrativa de Carlos Montenegro* (Miami, Fla. Ediciones Universal, 1980). Según el propio autor existen biografías suyas que cambian el lugar de su nacimiento y otras que contienen inexactitudes. Por su interés nos hemos decidido a publicar este material elaborado en su casi totalidad por el propio autor.

INTRODUCCIÓN

Entre los años 1977 y 1981, en que muere el escritor, Carlos Montenegro y yo mantuvimos largas charlas personales y telefónicas, muchas de las cuales me autorizó que grabara. Intercambiamos correspondencia que el autor ampliaba con manuscritos, comentarios y anécdotas sobre su vida y su obra. Todo esto ha servido para desarrollar este trabajo que pretende ser una autobiografía del autor.

El material como aparece reproducido tiene algunas repeticiones producto de la fragmentación con que se obtuvo. Para seguir un orden cronológico en la narración hemos tenido que interpolar y mezclar anécdotas y comentarios que no tenían una secuencia porque nos fueron contados en distintos momentos; sin embargo, hemos preferido publicarlos casi en su totalidad siguiendo un orden lógico a pesar de las redundancias que puedan haber, por ser recuerdos que sólo quedaban en la memoria del autor, por ser únicos y por el valor que puedan tener para los estudiosos de la obra literaria de Montenegro por estar su vida tan íntimamente ligada a su literatura.

Carlos Montenegro (1900-1981). La obra literaria de este autor es una síntesis biográfica de su vida. Sus cuentos describen con gran realismo su infancia y su vida adulta. Esta obra literaria abarca un período de su vida que va de 1929 a 1941. Posteriormente la obra literaria de Carlos Montenegro se reduce a unos cuantos artículos publicados en revistas y semanarios.

Carlos Montenegro comienza a escribir hacia 1925, tenía 25 años de edad, vive y se forma durante el proceso político-social que tiene lugar en estos años. Algunos críticos llaman a esta generación literaria cubana «La Generación del 23»; para otros es la «Generación del Veinte». Esta generación va a estar influenciada por Gorki, Quiroga, Kipling y Conrad, la atención del campo y la ciudad, la creación de personajes como «las pobres gentes». La temática de estos escritores es social, costumbrista, realista, donde se encaran los problemas del obrero, del campesino, del latifundio, de la injerencia americana, la mujer, el negro, las injusticias político-sociales-económicas, fundamentalmente. Carlos Montenegro pertenece a esta generación. Se hace famoso escribiendo cuentos. En 1938 publica una novela: *Hombres sin mujer* y con ella introduce en la literatura hispanoamericana el tema de la homosexualidad que hasta entonces era tabú. Entre los seguidores de este tema podemos anotar entre otros a: *El sexto* (1961), de José María Arguedas; *El beso de la mujer araña* (1976), de Manuel Puig; *El lugar sin límites* (1977), de José Donoso. Esta novela ha sido traducida a varios idiomas y reimpresa varias veces desde 1938, la última edición fue publicada por Editorial Oasis, México, en 1981.

La novela hecha como una denuncia contra el sistema penal va más lejos al presentarnos en el microcosmo de una prisión, el macrocosmo de la realidad cubana de la época. Otro valor indiscutible de la obra es la sociolingüística que se aprecia en diálogos y descripciones: dichos, modismos, expresiones callejeras se ven transportadas por el autor a los personajes de su novela lo que ha ayudado a salvar del olvido el lenguaje folklórico de un sector y una etapa de la vida cubana.

Cuatro direcciones bien nítidas se observan en la obra narrativa de Carlos Montenegro y todas como espejo de su propia vida. Primero la niñez: el ambiente familiar del niño y el paisaje de Puebla del Caramiñal y ciertos lugares de La Habana y su viaje a la Argentina. Segundo el marinero navegando por las costas del Caribe, en el Golfo de México, y del Atlántico norteamericano con sus experiencias en tierra. Tercero: el prisionero, marcado también por dos experiencias vitales: una breve detención en la cárcel del puerto de Tampico, México; y otra que duró doce años en el Castillo de Príncipe, La Habana, Cuba, donde se forja el escritor. Cuarta: relatos de temas principalmente patrióticos que tienen que ver con el pasado histórico nacional de Cuba. A estos cuatro temas principales se podría agregar un quinto: el del militante político resultado de sus simpatías y su breve filiación al Partido Comunista cubano; y sus cuentos de denuncia o protesta social que toman como escenario la campiña cubana. Carlos Montenegro condensa en su narrativa elementos folkloristas. Estructura sus narraciones dentro de criterios tradicionales. Rara vez rompe con la cronología lineal narrativa. Utiliza como sistema la separación radical entre la descripción y la acción. Nos presenta sus personajes describiendo sus condiciones físicas y morales; y sus diálogos tienen un fin didáctico. El lenguaje que utiliza es coloquial, muchas veces de escritura fonética, que colabora a la ambientación como cuando usa la terminología de *ghettos*. El mundo que nos presenta en la mayoría de sus descripciones es un mundo cruel y aciago producto de las experiencias más trágicas que felices de su vida e influenciado por el concepto predeterminista de la vida que él sustenta.

COMENTARIOS CRÍTICOS SOBRE LA OBRA LITERARIA DE CARLOS MONTENEGRO

«Montenegro es un narrador espontáneo, de gran concisión y poder expresivo. Sabe construir e interesar con breves elementos, pero asegurando con firmeza los hilos de sus relatos... Hoy día Montenegro, sin disputa, es el primer cuentista cubano y uno de los dos o tres más grandes de Hispanoamérica. Ha sido traducido al inglés y al francés por intermedio de Langston Hughes y Pillement».

Ricardo Latcham, *Antología del cuento hispanoamericano contemporáneo*, (1910-1956), Empresa Editora Zig-Zag, S. A., 1958, Santiago de Chile, p. 26.

«Largely known for his short stories, Montenegro received lavish praise from Ricardo Latcham..., and his burning indictments show us man in a world which is without real hope of salvation.

Kessel Schwartz, *A New History of Spanish American Fiction*, University of Miami Press, Coral Gable, Florida, 1971, p. 18.

«En los vigorosos trazos con que Montenegro en todas sus obras, describe las injusticias y miserias del mundo, con toda la energía del que las ha vivido, porque es de su propia vida de donde desentraña los asuntos que desarrolla, late siempre un vivo anhelo de reivindicación social, en defensa de los oprimidos».

Max Henríquez Ureña, *Panorama histórico de la literatura cubana*, Las Américas Publishing Company, New York, 1963, p. 406.

«En realidad puede decirse que con los cuentos de *La Pascua de la tiera natal* (1923), de Luis Felipe Rodríguez, se inicia la narración de genuino carácter cubano, afincada en la tiera y sus problemas, expresadas en la lengua fuerte y pintoresca del pueblo. Sin embargo, el mensaje y el ejemplo de L. F. R. se perdieron en aquel instante, y fue preciso la aparición de otro cuentista, Carlos Montenegro, en circunstancias propicias... para que los nuevos modos del cuento se impusieran definitivamente.»

José Antonio Portuondo, *Cuentos cubanos contemporáneos*, Selección, Prólogo y notas de J. A. Portuondo, Editorial Leyenda, S.A., México, 1946 (Prólogo).

«Montenegro es el más recio de los narradores cubanos contemporáneos, en quien... las influencias de Gorki y de Horacio Quiroga apenas rebasan el carácter de meras incitaciones al tema popular y al estilo directo, que en el cuentista cubano están siempre al servicio de una intención denunciadora o de una explícita demanda de justicia (Ibíd., p. 76).

EL CUENTO SOCIAL. CARLOS MONTENEGRO Y OTROS

«Aunque siempre cultivado en nuestras letras, se intensificó mucho el cultivo del cuento, después de la Guerra de 1914, hay que destacar algunos autores de valiosas cualidades. El tema de la lucha social, de las aspiraciones y de los afanes de las clases humildes, de las pugnas de las diferentes capas de la colectividad, resalta como uno de los predilectos entre los cultivadores del cuento. Entre éstos alcanza lugar prominente Carlos Montenegro (La Habana), en que se revela el narrador novedoso, de estilo bien definido que respira otros aires literarios, diferenciándolo de cuanto hasta entonces se había hecho entre nosotros en el género.»

«Sus ideas avanzadas, su experiencia en la lucha obrera, su vida de vicisitudes y quebrantos, le llevaron lógicamente a la literatura social, donde ha vibrado su pensamiento transido por el dolor de los demás y del suyo propio, y ha predominado la idea de mejoramiento humano. Justicia para los oprimidos del mundo, es el lema al que responde el prosista que opta el cuento como vehículo apto para la trascendencia de sus afirmaciones.»

Juan J. Remos, *Historia de la Literatura Cubana*, Tomo III, Reprinted by Mnemosyne Publishing Co., Miami Florida. Cárdenas y Compañía, La Habana, 1945.

«Un cuento de Carlos Montenegro inaugura la corriente positiva del criollismo: con una simple situación dramática, *El renuevo*, descubre, a la vez que el horror, el desamparo y la ignorancia de la vida campesina, el silencioso heroísmo de sus gentes, a Montenegro se le llamó en su época el «Gorki cubano». La sobriedad e intensidad de sus relatos lo convierten en el primer narrador moderno de nuestra literatura y en uno de los maestros ignorados del continente.»

Ambrosio Fornet, *Antología del cuento contemporáneo*, Ediciones ERA, S. A., México, 1967.

«Cabrera Infante es, según su propia confesión, "un fanático de la lectura de cuentos", casi esa monstruosidad: un especialista: Cabrera Infante está en la línea de una tradición que arranca de *El renuevo(de Carlos Montenegro).*» (Paréntesis mío). (Ibíd., p. 43).

«Los cuentos que Montenegro ha consagrado a su infancia figuran entre los más notables del género, son desgarradores y desesperados: *El pomo de caramelos* es una verdadera obra maestra. Hace tiempo, traduje un doloroso libro de Pocaterra, que era un documento en el estricto sentido de la palabra y el de Montenegro es también un documento espiritual, psicológico, de un valor universal, y por eso merece ser conocido y admirado.»

Carlos Montenegro, *La prison*, roman cubain, Traduit et presente par George Pillement, Paris, Seghers, 1946, Collection «La Terre Vivante». (Prólogo. Traducido al español por Emma Pérez Téllez en la Revista *Gente*, Febrero, 26 de 1950 en la Sección «Libros».

TRIBUTO A MONTENEGRO

«En el reciente concurso de la revista *Carteles*, el triunfo de Carlos Montenegro con su cuento *El renuevo*, tuvo los caracteres de una consagración» *Revista de Avance*, Sección «Almanaque» 15 de octubre de 1928. Vol. 3. N.º 27, p. 294.

«Montenegro es un intuitivo: adivina, presiente, premoniza. Va al cuento confiado, rectilíneo, sin incipiencias de novato. Montenegro es uno de esos excepcionales tipos a los que un sexto sentido irrefrenable coloca en la campana neumática de su personal originalidad. ¡Montenegro: egregia figura y egregio intelectual!» *Revista de Avance*, 15 de abril de 1929. Vol. 4. N.º 33, pp. 104, 105, 106. *Márgenes a Montenegro*, por Raúl Maestri.

BIBLIOGRAFÍA

BIBLIOGRAFÍA DIRECTA

I. Obras de Carlos Montenegro

El renuevo y otros cuentos, 2.ª ed. La Habana: Ediciones 1929 Revista de Avance.
Dos barcos, La Habana: Ediciones Sábado, Arellano y Compañía, 1934.
Aviones sobre el pueblo, reportaje-relato, La Habana: Ucar García, 1937.
Hombres sin mujer, México: Editorial Masas, 1938.
Los perros de la Radziwill, La Habana: La Verónica: Impresor Altolaguirre, 1939.
Tururi ñañan, fragmentos suministrados por el escritor. Sin fecha.
Tres meses con las fuerzas de choque (División Campesino), La Habana: Editorial Alfa, 1938.
Los héroes, La Habana: Ediciones Caribe, Talleres Flecha, 1941.

II. Cuentos no coleccionados

«El regreso», La Habana, 1953. Manuscrito del autor. Sin fecha de publicación.
«Doce corrales», *Gaceta del Caribe*, La Habana, abril de 1944, Año I, n.º 2, p. 13. Reproduccido en *Periódico Libertad*, Miami, Florida, 5 de septiembre de 1975, p. 14.
«La venganza», *Periódico Libertad*, Miami, Florida, 28 de mayo de 1976, p. 15.
«El sospechoso», cuento inédito. Premio *Hernández Cata*, 1944.

1900 - 1907

Terminada la guerra Hispano-cubana-americana en 1898, las tropas españolas destacadas en Cuba regresaron a España. Entre los militares evacuados hay un oficial, Ramón Montenegro, quien regresa a su patria en compañía de su esposa cubana y dos hijas nacidas en Cuba. Otro hijo varón, muerto de corta edad, queda enterrado en la que fue colonia española.

La familia Montenegro se establece en la región de Galicia, de donde es oriunda. En esa región norteña, en la aldea Puebla del Caramiñal, nace el 27 de febrero de 1900, Carlos Monteengro.

Sobre este tema nos dice el escritor:

—Nací con el siglo en el año 1900, en el extremo derecho del arco que forma la playa Arosena, en la calle Arenal, entonces número uno, se dice que en una aldea de Galicia, España. Es una villa grandiosa de las rías bajas de Arosa, lindante con el Finisterre, cabo roqueño donde confluyen los choques de dos mares, el Atlántico y el Cantábrico que hasta fines del Siglo XV señaló *el fin de la tierra,* asomada al mar Tenebroso. Las casas de mi lugar natal eran de piedra sillar y se extendían en forma de herradura frente a la ría inmensa que divide las dos provincias, al pie de un enorme monte El Curotas —en lengua gallega el Curotiñas—, tierra de vinculeros hecha famosa por don Ramón del Valle Inclán que la tomó de teatro de sus novelas bárbaras; y en donde aún permanecen en pie, hoy en día, los muros de la Torre de Bermúdez construida en el Siglo XVI, destruida por dentro como una muela careada, perdóneme, pero le estoy hablando como si empezase uno de mis cuentos inspirados en ese escenario de mi niñez: «La mar es así», «La huella del cacique», «El cordero», «La escopeta», «El regreso», este último escrito después de casi medio siglo, cuando la visité de turista «indiano», en 1953, y la encontré como la había dejado en 1907, semejante a un viejo cuadro olvidado en la pared.

Carlos Montenegro era un fumador incansable. Vivió sus últimos años en un pequeño apartamento del Estado de la Florida para personas retiradas. Su apartamento pequeño tenía un ventanal grande donde entraba la luz a una mesa de trabajo que presidía la sala en donde se mezclaban libros y papeles. En un rincón tenía su máquina de escribir con una pequeña mesa al lado, más ordenada ésta en su contenido. En el dintel de la ventana había un barco de madera tallado en sus más mínimos detalles. Todas sus piezas son removibles. En una de las visitas que le hice en 1977 me dijo:

—Ese es uno de mis pasatiempos favoritos y ahora me cuesta mucho dedicarme a él por mi vista que la estoy perdiendo. Aprendí a tallar madera y semillas en México cuando estuve preso en Tampico. Cuando lea mi cuento «La sortija» verá que hago referencia a esta afición mía. Desde entonces siempre he cultivado este pasatiempo y mis nietos han sido los beneficiarios de mis chucherías.

Carlos Montenegro recibía una pensión del gobierno norteamericano. Llevaba una vida retraída evitando lo académico y lo social. Escribía su última novela y trabajaba en un semanario que editaba Rolando Masferrer en Miami, Florida, titulado *Libertad*. Masferrer fue víctima de un ataque terrorista en Miami y murió, dejando desde entonces de editarse el semanario.

—En los últimos años he recibido demandas, generalmente de jóvenes estudiantes, sobre mis trabajos y estoy en deuda con ellos. Para mí no resultaba fácil complacerlos. No por falta de tiempo, ni porque el que tengo lo deba emplear en buscarme el sustento (soy un beneficiado, por mi edad, de la legislación de este país) sino, que empleo el que puede restarme, en hacer un resumen, no de lo que he escrito sino de lo que he vivido. El proyecto que no logro, me ha ocupado los últimos tres o cuatro años. Tres versiones del mismo tema han sido hechas, y ninguna de ellas entiendo que llena mis aspiraciones o propósito: enseñar a la juventud que no haga todo lo que yo he hecho, o que evite, hasta donde esto sea posible, más que mis *hechos* voluntarios, mis *sucedidos*.

—Rolando Masferrer y yo fuimos grandes amigos. Coincidimos en muchas cosas al mismo tiempo. Estuvimos juntos en la Guerra Civil española: él como jefe de una tropa de choque de la División Campesino del Ejército Republicano; yo como corresponsal de guerra. Luego éramos miembros del Partido Comunista cubano al mismo tiempo y fuimos expulsados juntos en 1941. Después Rolando comenzó a publicar el semanario que más tarde se convirtió en periódico, *Tiempo en Cuba*. Yo colaboré con él. Desde allí Rolando hizo un ataque frontal al Partido Comunista de Cuba poniendo al descubierto sus escándalos.

Montenegro, en sus últimos años, tenía una presencia elegante. Físicamente parecía de menos edad. Mentalmente estaba alerta y aunque se quejaba de confundir algunas veces las fechas, su memoria no flaqueaba y la fantasía desbordada que lo acompañó toda la vida se manifestaba en él sin trabas. En varios rincones de su apartamento se observaban objetos marinos: anclas, redes de pescadores, sogas anudadas, vistas del mar y modelos de barcos.

—Puedo decirle que mi vida ha sido el mar y que soy escritor por accidente. Siempre he soñado y sueño con el mar. Nací, puedo decir, en el mar, porque mi casa en los pleamares quedaba cercada por las aguas que iban a mezclarse con las de un río cubierto de mimbres completando el cerco. Allí nací y pasé mi niñez hasta los siete años. Muchas veces había que salir de la casa en bote. Cada vez que alzaba la vista mis ojos se inundaban de las inmensidades del Cantábrico y mis pulmones se hinchaban de aires marinos. Esta visión de mi niñez y estos olores me han acompañado en los momentos más difíciles de mi vida trayéndome el sosiego que mi espíritu necesitaba en momentos de crisis.

—No soy un profesional de la literatura, aunque me atribuya el crédito de media docena de cuentos con pretensiones literarias merecedores de figurar en letra de imprenta. Otra razón para identificar mi labor es que no poseía la vocación, ni aún había terminado mi educación primaria. Cuando escribí mi primer cuento ya estaba avanzada la década de los años 20 (con la que marchaba por haber nacido precisamente en el primer año del siglo) y lo hice para llenar terribles horas vacías. El móvil de continuar escribiendo fue por razones extra literarias: se trataba de que completase un volumen de cuentos que me proporcionase el indulto. El «espíritu» de lo que hice, más otras circunstancias a las que mi suerte me tiene habituado, frustró aquel propósito ya que tardé más de media docena de años en quedar en libertad después de escrito el libro.

—Lo que soy está o pretende estar, en lo que he escrito ya. En un alto tanto por ciento es, aunque en ficción, autobiográfico. Si alguna significación tengo, buena o mala, es más como hombre que como escribidor. *Hombres sin mujer*, no me caracteriza, ni como escritor ni como hombre. Se contrae a un caso concreto y parcial; aparte de la denuncia de un régimen penitenciario que sufrí. Creo que vale, aún en la actualidad, aunque su calidad como novela sea más que discutible, como documento acusatorio, por su condición de precursora, y más aún por el lenguaje empleado. Mucho se ha adelantado desde la fecha que la escribí. Pero mucho también se ha agravado. En esa época la corrupción era un producto de las circunstancias que concurrían en una prisión; hoy se les ha sumado en muchos casos, la fuerza y la violencia. Mi época, en Cuba, fue de nacimiento, lo que sólo en apariencia contradice, que fuera a la vez decadente. Prevalecían aún los residuos del coloniaje.

En la obra de Montenegro se observan severos ataques a la institución de la Iglesia, no así a Dios. Es creencia de muchos que estos ataques fueron motivados por la filiación comunista de Montenegro durante los años treinta, sin embargo su origen parece ser otro:

—Mi padre, a quienes muchos señalan como descendiente directo del mayorazgo de don Juan Manuel Montenegro— en la vida real su nombre era Benito— hizo la campaña como soldado colonial de la que resultó la independencia de Cuba. Evacuó la isla con el ejército en 1898 y regresó a España casado con una criolla, mi madre, a su vez de estirpe mambisa; su hermano, mi tío Evaro —Evaristo— había estado relacionado en Tampa con José Martí. Privaban en ella, por influencia de los revolucionarios tendencias masónicas, pero muy pasivamente, sin militancia alguna; lo que contrastaba con la religiosidad católica rayana en el fanatismo de mi padre. Él era «carlista» de cruz y boina roja. Entre estas dos culturas y creencias diferentes me crié yo.

A ambos respeté y justifiqué, sin embargo cuando crecí, y siendo niño, pude palpar en mi propia sangre la hipocresía de tantos gestos y doctrinas que se oponen radicalmente al perfeccionamiento y amor del género humano que predican. Recuerda usted el dicho: «haz lo que digo pero no lo que yo hago», aquí podrá usted encontrar por qué desde muchachito desconfié mucho de los santurrones predicadores.

Cuando Montenegro nos habla de su niñez y sus antepasados se enorgullece de la doble herencia que corre por sus venas: española y cubana; cristiana y masónica:

—Al regresar mi padre a Galicia recobró el ya ficticio poder feudal, creando una flota de pesca, cuyo producto industrializó permitiéndole hacerse de un cacicazgo. Mi padre cumplía religiosamente con todos los deberes ciudadanos o pueblerinos. Mi madre sin embargo, aunque asistía a misa todos los domingos y fiestas de guardar, como era la costumbre, nunca accedió a ser confesada. Esto y ser tenida como una extranjera, debió someterla a una fuerte nostalgia, la que compartía de alguna manera mi padre que la quería mucho. A ella, triste y dulce, la amaba yo apasionadamente, lo que según mi padre —y no se engañaba— me debilitaba.

Carlos Montenegro mientras hablaba encendía un tabaco tras otro. Interrumpe el diálogo para ofrecernos una taza de café «criollo». Intuimos que aún el fervor a su madre sigue latente y aún lo «enternece y debilita».

—Para aminorar, lo que tuvieron de extraordinario mis primeros éxitos, diré que *leí antes de saber hacerlo*. Lo subrayo porque, estrictamente hablando, nunca he sido un lector aceptable. Empecé a *leer* antes de pisar un aula y eso, sin otro interés que acompañar mi soledad o, mejor, mi retraimiento. Regularmente mi inquietud interior, me hacía pasar la vista por las hojas que se ponían *en blanco*. Esta inquietud interior, por tratarse de un niño, tendré que explicarla más adelante.

—De haber logrado mi vocación, hubiera sido capitán de un navío velero de alto bordo. Una aspiración lógica ya que mi padre era armador de una flota pesquera. La imprevista ruina económica, de mi familia, no burló por completo mi ideal: a los 14 años era grumete en un barco y, para mayor limitación fuera de rol, es decir: sin registrar, sin sueldo, como por caridad, por cama y comida. Algo más, si en este caso es posible, mi nave estaba retirada, lesionado su casco hasta la reparación incosteable y por ello arrinconada en un ancón de la bahía: *El cementerio de los barcos*. Parecía como si por propios pasos fuera a enterrarme yo mismo.

—Pues como le iba diciendo Pujals, en ese ambiente transcurrieron mis primeros siete años. Tres cualidades predominaban en mi superlativamente: era enfermizo, tímido y orgulloso. Y además tenía una imaginación desbordada.

En los recuerdos de su primera infancia se inspiraron los cuentos «La escopeta», «El cordero», «La huella del cacique» y «El regreso».

Nuestra entrevista se interrumpe momentáneamente por alguien que toca a la puerta del apartamento. Es una señora de edad, vecina de don Carlos, quien viene a invitarlo a jugar cartas por la noche. Él declina cortésmente. La dama inisiste. Montenegro se niega rotundamente y algo molesto le dice a la señora que está muy ocupado. Cuando regresa a nuestro lado comenta:

—Ésta es una de las desgracias de vivir en un edificio como éste. Todo muy elegante, muy conveniente, muy confortable, exteriormente; pero quiere usted nada más desagradable que el hacinamiento de viejos y viejas «pintarrajeadas», viviendo sin un objetivo e inventando día a día qué hacer. ¡Qué vaciedad tan grande se ve aquí! Si fueran muchachas jóvenes y bonitas las que fueran a jugar cartas esta noche yo no faltaría. Mire usted: la edad cronológica no cabe duda que va minando al organismo y deteriora al ser humano, pero si uno hace ejercicios diariamente, tanto físicos como mentales, la vejez retarda su proceso. No hay nada más contagioso que la vejez; es una enfermedad que abarca otras muchas y algunos la sufren mejor que otros. Cuando yo era niño no me reunía en mis juegos con los amigos de mi edad en los que veía potenciales enemigos. Mis relaciones eran con los curtidos y viejos marineros de mi padre que me colmaban la mente con sus leyendas y cuentos de misterio. Observaba los navíos con sus velámenes en cruz o en cuadro que mis compañeros me ayudaban a identificar pese a mi corta edad. Me admiraba ver cómo los marineros trepaban al palo mayor, cosa que yo nunca podría hacer debido a un vértigo de altura que siempre he padecido. Pues bien hoy trato de operar a la inversa, me reúno con gente más joven que yo, gente que trabaja y piensa; gente que me abren puertas y no me las cierran; personas con las que puedo cambiar ideas en un plano íntimo. Rehuyo como la peste estas reuniones de viejos. He sido invitado a hablar en algunas reuniones literarias y salvo alguna excepción me he excusado. Aún conservo la timidez de mi juventud.

—Volviendo a mi niñez, recuerdo hoy como ayer, cuando mi padre en el propósito de fortalecer mi carácter me entregaba a sus patrones que iban a afrontar los peligros del Finisterre y les ordenaba: «Nada de remilgos con él, el trato como a un grumete cualquiera». Sólo recuerdo que tomaba la precaución de asegurarse que llevara al cuello un escapulario de la virgen del Carmen. «Lo que mande don», decía el patrón resignado. Pero cuando entraba en la mar gruesa decía el patrón: «Ata al muchacho no vaya a ser lanzado por la borda». Yo no le tenía miedo al mar. En la infancia el temor es un reflejo y aquellos hombres afrontaban serenamente los peligros.

Montenegro se empeña en mostrarnos Puebla del Caraminal a través de su lenguaje descriptivo. Aunque con algunas repeticiones incluimos la descripción en su totalidad:

—El litoral arenoso en círculo formaba el grandioso estuario de las Rías Bajas de Arosa que limitaban los bordes de dos provincias tan distantes entre sí que solamente eran visibles cuando plenaba la luz solar y bramoso sudeste barría del horizonte los sombríos cúmulos bajos, mientras, sobre ellos, poníanse en movimiento, en nimbos albos, inmensos rebaños de ovejas gregarias bajo el soplo de Eolo, ínclito Pastor de Vientos, en tanto los cirrus, desde millares de pies de altura, les lanzaban las afiladas y heladas flechas de sus cristales. Era otoño y el ámbito doraba.

—Se dirá, y es cierto, que estoy dejándome llevar por la literatura poética, El Modernismo, Rubén Darío; ocurre que el insólito paisaje quedó en mi memoria lleno de poesía.

Ya desde mis primeros cuentos sentí el influjo de su embrujamiento. Escribo en «El mar es así»: (*Los héroes*. Habana, 1941): «Si no ha crecido en mi memoria, aquél era el mayor espectáculo de la naturaleza; era en verdad el más hermoso. Unos acantilados enormes, cortados a cordel sobre la mar infinita y profunda. Recuerdo algo que mi pensamiento no logra abarcar y que no puede ser sino el paisaje que desde ellos se imponía y que da en ocasiones a mi espíritu una enorme fuerza. Desde los acantilados todo parecía distinto, para una vida diferente y otros hombres. Hacia el oriente todo era piedra, mar profunda y luz. A veces la mar, espantosamente bravía, lo borraba todo de su superficie, arrojando después a la playa restos minúsculos de madera y en ocasiones un ahogado, el rostro duro y moreno, un poco hinchado el vientre, que en seguida se veía rodeado de muchachos mudos y de mujeres sollozantes. A veces la mar estaba asombrosamente apacible. «La mar es así, decía mi padre.

—En la Puebla de Arosa, los marineros que han vizcado en sus luchas con el Finisterre saben leer en los cielos los riesgos que deben correr y sin más gramática ni ciencia física sentarán principios que se harán clásicos en la ciencia de navegar:

Gaviota a terra
marineiro a merda.

—Y muchos más, como los que aluden al enrojecimiento del disco lunar. El monte Curotas, Curotiñas, para los humildes y los apegados a la fabla materna, la única en que los diminutivos en vez de disminuir endulzan, prestigiando sus fados.

A Mina nai, A mina nai mina.

...en cuyas laderas demora La Puebla, da a ésta la imagen de una centolla muerta en las orillas litorales. Observada a vuelo de gaviota, se ve la muela izquierda del crustáceo que cubre a Cavío donde al abrigo de robledades, gigantes encinas, olivos y anisales, gratos al curado licor del aguardiente, se conserva, anacrónicamente moderna, la casa que habitó en sus mocedades y pobló de trastos, brujas y «espantos de la Santa Compaña», don Ramón del Valle Inclán

Hoy la casa está abandonada a los espíritus, que «la luz de un farol aleja». Estuve en ella —1953— con Carlos, el hijo mayor del patriarca gallego, y me dio sed de beber en la fontana a cuyo rumor su padre rimó las claves líricas de *La marquesa Rosalinda*. Me advirtió Carlos: «Está vedada, contaminadas sus aguas por larvas mortales. Allí y en todas partes los viñedos, a pesar de los exorcismos de la Santa Iglesia Apostólica, Romana y Castellana, puede oírse, sin excesos imaginativos, la siringa de Baco que no ha cedido a la intimidación de los Calvarios. Los pinares han sido reducidos al Curotas por la ordenancista dictadura franquista («Por la gracia de Dios»). Si algún sitio de la tierra sirvió de asiento al Olimpo de los inmortales dioses paganos fue en los bosques arosanos y acaso llevaron la mano del viejo de las barbas de chivo cuando escribió *La pipa de Kif:*

> A todos vence la marihuana
> que da la ciencia del Ramayana.

—No en vano tampoco que esa raza fuerte que es el pueblo gallego, yazga en la humildad a causa de sus dioses escondidos y su catolicismo se distinga por su tufo a aquelarre.

—La muela derecha de la centolla descansa sobre los acantilados que terminan ocultándose en el Mar Tenebroso (el Finisterre) que otro pueblo —el irlandés— de características asombrosamente semejantes, reivindica para él. Los más ancianos de La Puebla, pese a las evidencias, se empeñan en mantener que el Finisterre es el fin del mundo. Si sobrevivieron a los golpes del Mar Tenebroso y sus hijos perecieron en él, ¿qué mito o historia puede convencerlos de lo contrario? Kruger, el célebre boer, aún mantenía en el 98 que la Tierra era plana con una carta Mercator en la diestra y en la otra mano los Evangelios. No faltan españoles que se acojan a la vanidad de que Colón era gallego. Pero si lo fue, resultó ser el único que participó en el pretenso descubrimiento.

—Mi padre que como le dije fue soldado colonial de servicio en Cuba, y regresó a La Puebla en la evacuación del ejército al independizarse la isla; venía casado con cubana y dos hijas. Dejaba en Cuba enterrado su hijo primogénito, de lo que nunca se recobró. Era, como legítimo aroseno y **Montenegro**: carlista, fanatizado por don Carlos, el pretendiente, y por la Iglesia. Mi madre sin otra razón que la familiar, sin militancia alguna, era masona. Para ella, su ida a La Puebla fue un destierro. Pero era muy tierna para manifestarlo limitándose a alimentar su nostalgia fijando su vista en el mar eterno que veía desde las ventanas de la casa. Y a sus faldas me pegaba yo. Antes de tener el uso de razón ocurrió algo que influiría en mi vida. Dos mocetones la insultaron con las peores palabras mientras ella paralizada no podía hacer más que llorar. Cuando mi padre se enteró tomó una escopeta y fue en busca de los ofensores. Los trajo a casa obligándolos a arrodillarse ante mi madre y besarle los pies. «Mil veces peor que los insultos» protestaba ella. Se sabía ya que los dos así castigados eran huérfanos de un soldado muerto en la campaña de Cuba. La escena brutal me hizo pegarme más a mi madre y a retraerme de los juegos con los otros niñoso, para mí enemigos.

—Mi padre había fundado una flota pesquera e industrializado su producto. Cuando alguna de sus embarcaciones estaba en tierra, sus patrones me mimaban y llenaban mi imaginación con las leyendas del mar. En el estero que formaba la ría siempre había algún gran navío de velamen armado en velas cuadradas. Fondeaban lejos de la costa, pero estaba al tanto de los botes que se desprendían de ellos, a proveerse de aguada y provisiones para sus viajes sin fin. Buscaba a aquellos hombres y los oía deslumbrado. Yo sería como ellos, su capitán porque mi padre era poderoso («La huella del cacique» y otros de mis primeros cuentos). Muchas veces no tenía a quien escuchar; buscaba a mi madre y resistía a sus ruegos de que fuera a jugar con los de mi edad. Mi soberbia igualaba a mi timidez. Me daban envidia mis hermanos que seguían naciendo y mi madre se repartía entre ellos. Muchas de mis horas quedaban vacías y en la angustia. Me espantaba la amenaza de que tendría que ir a la escuela y vérmelas con mis *enemigos*. Un día di en un rincón olvidado, con unos grandes libros empolvados, acaso dejados por alguno de mis abuelos. Estaban muy ilustrados y sus grabados me obsesionaban. ¿Qué contarían? Libros de brujas, de aventuras; otros que más tarde leería muchas veces y cuyos títulos retengo: *El Quijote*; otro que habría de querer: *El Telémaco* de Fenelón. Aunque en casa nadie se interesaba por aquellos libros y menos que estuvieran en mis manos, por instinto me protegía de la atención somera de los demás. Uno sobre todo fue mi favorito y, de creer, influyente en mi futuro, para desentrañar el enigma de sus grabados me valí de Manuela, nuestra ama de llaves y hermana de crianza de mi padre. (Más tarde había de saber que pudo ser algo más: hermana de sangre de mi padre, hija putativa de mi abuelo). Mis hermanas mayores, a las que veía muy poco por estarse educando en un colegio de monjas fuera de La Puebla, le tenían malquerencia. No así mi madre. Dos datos eran para ellas motivo de sospechas: una que en la herencia de mi abuelo, fue muy beneficiada; otra, que de todas las mujeres que servían en casa o en los tanques de salazón de la industria de mi padre, a ésta sólo respetó en todos sentidos. Nos acompañó cuando nos trasladamos a Cuba definitivamente y siempre permaneció soltera. De ello deducían mis hermanas monjiles que amaba a mi padre. (Pero eso está en mi futuro). Entonces busqué su complicidad para que me ayudase con los libros. Desde la primera ojeada se santiguó, pero al fin logré convencerla. De todas maneras, pude pensar, que ella me daría su versión, interpretando debidamente a su juicio, lo que deseaba de ella. Al principio sólo deseaba que me explicase lo que decían los pies de los grabados. Del libro que escogiera de capa y espada, su protagonista se convertiría en mi «personaje inolvidable». El título del libro le daba motivo de santiguarse: «*La vida de Felipe II o la Agonía de un déspota*». Y en él, el protagonista, el capitán don Daniel de Salvatierra, disfrutaba ensartando los corchetes de Torquemada (al parecer el autor no le daba mucha importancia a la fecha de los sucesos históricos). El tema general del libraco era la conspiración para salvar de su encierro al príncipe Carlos, hijo del déspota. Cuando el pie de grabado no hacía más que excitar mi curiosidad le hacía buscar a Manuela en el abundoso texto. Fue así como empecé a deletrear.

Carlos Montenegro, como muchos de su generación literaria, fue un autodidacta. Su educación elemental fue precaria y siempre tomada a regañadientes. El contraste que experimentó cuando comenzó a ir al colegio lo traumatizó de por vida: dejaba la terneza de su madre en el hogar que contrastaba notablemente con la rudeza del profesor; y su mentalidad y espíritu hechos a la divagación fantástica, se veían constreñidos ante la rigidez metodológica y la disciplina escolar del aula pueblerina:

—Muy temprano fui a la escuela que para mí fue el lugar más nefasto conocido hasta entonces. Mi primer maestro era un bruto implacable. Me marcaba en el catecismo entre crucecitas las partes que teníamos que recitar de memoria. Al hacerlo, el maestro tenía en la mano un catecismo y en la otra una palmeta. Como a los demás, me llevaba la cuenta de los fallos que cometía, incluyendo los saltos de un punto o coma. Al final del cotorreo me echaba boca abajo sobre sus piernas y me daba tantos palmetazos como faltas había cometido. No sentía dolor alguno borrado por las risas de mis discípulos. Tal efecto me causaba el castigo que durante el examen la mente se me ponía en blanco. No solamente me eran odiados los demás alumnos sino las mismas palabras de la cartilla. El aldeanote usaba una variante del proverbio clásico: «La letra con sangre entra», el suyo era más objetivo: «Lo que no entra por la cabeza entra por el culo».

Nos recuerda Montenegro que la palabra «culo» en España se usa comúnmente y no tiene la rudeza que le damos en hispanoamérica.

—Ni entonces en España, ni después en Cuba, pude salir airoso de algún examen oral, que me producían verdadero pánico, lo que me mantuvo permanentemente entre los más atrasados de la clase. Mi incapacidad persistía fuera del aula, y persiste aún. Si soy objeto de atención por un grupo de personas, quedo privado del uso de la palabra. Durante un juicio oral que debí afrontar y en el que se debatía la pérdida de mi juventud, al concederme el tribunal el derecho de las últimas palabras, pese a todas las inexactitudes que se produjeron en el curso del juicio, al ser preguntado si tenía algo que alegar, moví negativamente la cabeza. Es posible que un psiquiatra opine que ese complejo me viene del sistema empleado por mi primer maestro. Yo no me atrevo a afirmarlo. Lo atribuyo al conjunto de mis males congénitos.

—Mi mal está presente en mi modo de leer. Lo hago infatigablemente, pero sin asimilación, salvo que algo se refugie o sedimente en mi subconsciente. Mi constante lectura (como más tarde el escribir) fue pretexto para sobrepasar horas vacías. Paso la vista por las páginas supeditando lo que dicen a la tortura de mi imaginación. Mi mujer, profesora uinversitaria de Educación, decía que tengo un sector opaco en mi cerebro.

Montenegro se hace escritor de cuentos y escribe novelas, solo; no tiene maestros que lo guíen, pero para él no era nada nuevo este menester. Desde niño se acostumbró a enseñarse a sí mismo:

—Como le dije anteriormente aprendí a leer antes de ir a la escuela. Mi aprendizaje lo hice tratando de entender los pies de grabados de las litografías. Cuando éstas me impresionaban, buscaba en las páginas del texto la forma de interpretarlas. Me valía de terceras personas, cuidando por instinto que no fueran mis padres que me hubieran privado de mis favoritos.

Días anteriores a mi entrevista con don Carlos, entrando en el edificio donde residía fue víctima de un asalto por una pandilla de delincuentes juveniles —no tan juveniles como dijera él—. Estos malhechores lo despojaron de su cartera, que contenía dinero y documentos. En estos momentos se encontraba paseando a su nieta de cuatro años de edad. Desde ese día entra y sale del edificio con un bate de béisbol en la mano.

—De haber estado yo solo y no con mi nieta esos no me cogen la cartera.

1907 - 1914

En otra entrevista nuestro autor nos relató su viaje a Cuba y a la Argentina, motivados más que nada por motivos económicos. Montenegro no aclara las razones que tuvo el padre para trasladar la familia a Cuba. Según él contribuyeron la eterna melancolía de su madre que siempre quería retornar a Cuba, la declinación de los negocios pesqueros del padre debido a la competencia, y más que nada la atracción que las abundantes riquezas de América ofrecían a un hombre industrioso como su padre. Fuere lo que fuere, la familia abandona España. Carlos Montenegro tenía siete años de edad, y la familia había crecido con cuatro hermanos más. En Cuba nacerá después otro haciendo un total de ocho hijos que completa la familia de Ramón Montenegro.

—Tenía siete años de edad cuando mis padres regresaron a Cuba para quedarse definitivamente. En el viaje nos acompañaron Manuela y uno de los patrones de los barcos de mi padre que después resultó ser contramaestre del «Julia», barco en el que trabajé de grumete. Ya en Cuba mis padres me pusieron en el colegio para proseguir mi enseñanza primaria, sin embargo, a pesar del cambio, seguía siendo de los últimos de la clase. Buscando remedio a mi desaplicación o para «sacarme de la calle» (en mi época los niños no sabían nada de los mayores: «Usted hable cuando las gallinas meen»; y a su vez ellos no sabían mucho de sus hijos tampoco) fui internado como pupilo permanente en un colegio religioso situado en un pueblo aledaño a La Habana (Guanabacoa—. Fue mi primera prisión al separárseme de mi familia. La orden que regía el colegio era la de San Vicente de Paúl, francesa, y posiblemente la más pobre de las establecidas en Cuba. Esa penuria, o un error del plantel, la llevó a la práctica de un recurso que infringía la ley (Y que dará origen a un proceso judicial en el que Carlos Montenegro, en plena pubertad, es el eje). Bajo el manto de la caridad «concedían» doce becas. Los becados, todos ellos menores, eran empleados como domésticos que además de realizar los trabajos más humildes: limpieza de excusados y otros, debían emplear los domingos en ir de casa en casa, vendiendo medallas, estampitas y el almanaque que editaba el colegio. Para que pudieran ser identificados se les uniformaba. Las plazas eran ocupadas por pobres de solemnidad que cuando se calmaban el hambre que traían, desertaban. Como el colegio era pobre y no tenía suficientes uniformes, los nuevos becados debían usar los que dejaban los desertores y las medidas sólo eran por aproximación. Unos sobrados de telas y otros cortos de ellas de lo que les vino el apodo de «monosabios» en alusión a los que trabajaban en los circos trashumantes. Los niños son crueles y disfrutaban burlándose de ellos; ensuciando los excusados, regando de desperdicios el refectorio, abusos que se aumentaban con el rencor que ocasionaban los que pagaban la matrícula. El mal no terminaba ahí; en atención a las horas que debían emplear en sus quehaceres a costa de las horas de clase, se calificaba sus notas generosamente; no había suspensos entre ellos aunque ignorasen el a b c.

—Mi primera prisión y mi primera fuga ocurrieron entonces, allí donde estuve once meses. Lo primero que me afectó fue verme separado de mi madre. Mi habitual insomnio se refugió en un aparente misticismo. Por las noches, mientras dejaba correr mis lágrimas, rezaba un padre nuestro y un avemaría por cada uno de mi casa. Conmigo ya éramos diez. Como dije, fue mi primera prisión, quizá la más dolorosa y al cabo la más decisiva; en la que por primera vez —¿diré la única?— se manifestó, contra todo obstáculo, mi voluntad: palpé la injusticia y me libré de algunos prejuicios.

Después de un breve descanso, Montenegro, prosigue su relato, importante por lo mucho que tiene que ver en la temática de sus obras: los ataques a las instituciones religiosas, su rebeldía, su timidez, su fantasía, tal vez hasta su futura y corta militancia comunista:

—A estos «monosabios» se les ofrecía la posibilidad de, una vez terminados sus estudios, gestionarles el ingreso en el Seminario con lo que podrían convertirse en representantes de Dios en la tierra; ayudaban a misa los domingos; y en la medida que era posible, se les defendía de las agresiones de sus pretensos condiscípulos. Algunos de estos «niños ricos» recibieron de los dispuestos a desertar, algunas palizas. Estos becados no tenían vacaciones tampoco, durante las cuales debían cuidar del mantenimiento del plantel. Es muy posible que esto fuera lo que menos importase porque ¿a dónde iban a ir cuando posiblemente no tenían casa familiar en donde estar?

—Mi estancia en ese lúgubre colegio alteró mi niñez notablemente. Yo soñaba con el mar abierto de Galicia, los bosques, los barcos, y soñando despierto en las clases no prestaba atención a las oportunas ocurrencias de los profesores, lo que provocaba que me castigaran de vez en cuando. Sin embargo, los castigos no frenaban mis divagaciones y yo no cambiaba un castigo por el disfrute que me producían los recuerdos de mi niñez en libertad: corriendo entre rocas, arenales y árboles.

—Un día de visitas conspiré con Manuela, nuestra ama de llaves que ya no vivía con mis padres, sino en casa aparte, lo que era posible por la manda que nuestro abuelo le dejó en herencia. Ella, a ruegos míos, me había traído de España mi libro favorito: *Felipe II o la agonía de un déspota*, quería entonces que me lo trajese al colegio clandestinamente. Daniel de Salvatierra seguía siendo mi héroe deslumbrante. Ese día parece que sellé mi destino. En la clase de dibujo me sorprendieron leyéndolo. Mi compañero de pupitre fue el que alertó al profesor.

Montenegro usa palabras crudas para calificar a su compañero. Se levanta a colar café y cuando regresa con sendas tazas prosigue:

—Mire amigo Pujals, en el hombre hay siempre, más o menos dormido, un delator. En los muchachos, hasta el roce con la adolescencia, es natural y se cultiva la denuncia abiertamente. (El colegio religioso, en que trataron de educarme en España y en Cuba, propiciaba, alentaba y gratificaba a los delatores). Después va tomando un carácter más reservado y de simulación hasta disfrazarse, siquiera sea inconscientemente, de civismo. Excluyo de esta regla casi general a la delincuencia profesional. Saben que se exponen a represalias. No faltan entre ellos, los que están en la nómina de la policía y frecuentemente disfrutan de manos libres para ejercer la delincuencia.

Recuerdo a Montenegro que aún no nos ha contado el final del episodio del libro que estaba leyendo en la clase de pintura y que dio origen a su otro comentario:

—El libro me fue decomisado. No lo volví a ver. Me sorprendió que todo ocurrió sin que fuera castigado. Pensé: al fin, soy de los niños ricos.

Nuestro entrevistado interpola un pensamiento que no fluye en su relato:

—Mire, amigo Pujals, entre las cosas en las que no creo están las premoniciones. El cobarde por naturaleza las sufre constantemente. Es ése que muere de mil muertes cuando hay una sola.

—Una o dos semanas después del incidente del libro, fui llamado a la rectoría. Ya casi había olvidado el hecho por lo que no lo asocié con la llamada poco común del padre rector. Era bajito y rechoncho y los mayores le pusieron el mote de «lechón». Me detuve ante su mesa y saludé como era la costumbre. Él, sin contestarme, prosiguió en lo que hacía. Esperé un poco inquieto. Su actitud ante mi reverencia era inusual. Dijo al rato, aún sin levantar la cabeza: «Su señor padre lo visitó el domingo, ¿no le dijo lo que tenía que decirle? Me temo que no por lo que veo.» No sabía lo que veía. Pensé en el libro. Le habría dado cuenta a mi padre del libro hereje y ahora vendría el castigo. Cuando mi padre me visitó el domingo me había hablado tan enigmáticamente que sólo saqué en claro que debía obedecer al Padre Rector en todo lo que dispusiera; que él no quería sino ayudarme. Más que sus palabras, me inquietó ver a mi padre hablarme con reticencias. Estaba desmejorado como si le hubieran caído encima en un mes muchos años, con la dramática señal que dan las ropas colgadas. Me intrigó su errática conversación; él siempre tan severamente concreto. No saqué nada en limpio de su extemporánea visita más que lo dicho anteriormente.

—El Padre Rector siguió hablando, pero como si no se dirigiera a mí: «Me lo presumí, pero era él el obligado a darle la noticia». ¿Alguna desgracia en mi casa?», pregunté. Por primera vez me miró a los ojos: «De usted depende que haga feliz a su padre, un santo hombre de Dios. A él debe que hayamos sido con usted. ¡Qué tratamientos tan generosos! Su padre no ha podido abonar su matrícula en los últimos meses. No, aunque no lo sospeche, lo conozco bien. A usted hay que curarlo hondo. En ningún momento fue usted matriculado. Desde el primer día que ingresó lo hizo usted como becado; los ruegos de su padre me hicieron esperar oportunidad para vencer su soberbia...»

Siguió hablando por un largo rato, supongo porque yo ya no oía; no lo entendía, estaba impávido, y sentía que de las plantas de los pies hacia arriba me iba convirtiendo en un bloque de hielo. ¡Yo becado! Una voz más alta que las otras me sacó del estupor: «Vea al hermano José. Vea al hermano José. ¡Vea al hermano José! ¡El uniforme! —fue lo único que recuerdo en mi mente en aquel momento después de esas palabras.

A pesar de los años transcurridos Montenegro se emociona y alza la voz en el relato. Nos recuerda que en aquel entonces no se aplicaba la pedagogía psicológica que después se puso de moda. Nada importaban, según él, las reacciones en un tierno niño, solo, desamparado, frente a la potencia del cura en hábito y su carencia de sensibilidad y humanidad cristiana.

—No sé que tiempo tardé en deshelarme. Cuando salí del rectorado ya estaba sereno; como si fuera otro yo. Uno nuevo. Otras de mis anticipaciones: no creía en la voluntad, era algo subalterno supeditado a los mayores sentimientos. No tiene función en un gran deseo, en una pasión. ¡Si no ha pasado nada! —me dije—. No debía advertir que todo yo coincidía en colaboración con la voluntad. De pronto supe que estaba libre de mi prisión. No tenía que saber cómo; libre como fuera, sin plan, sin ayuda, aún a costa de matarme —pensé en ahorcarme—. Un mínimo detalle: evitar una riña con mi padre, al que siempre en mi hondo había admirado. A él no le hubiera servido de nada, hiciera lo que hiciera. (Hay un momento, a veces instantáneo y sutil, a veces lentamente progresivo, que la relación entre padre e hijo cambia de polos). Otra motivación: un sentimiento de pena por mi madre, por lo que mi decisión irrevocable pudiera causarle. No me costaría mucho librarlos a ellos de pena. Pero, ¿cómo? Nunca había ejercido mi voluntad y era ella, en ese momento, la que dirigía todo. Lo que fuera, los hechos lo decidirían. Un crimen, lo que fuera. Sólo en un instante pensé en ir hasta el hermano José y darle con un palo en la cabeza. No haría falta tanto para obtener la expulsión. Cuando fui llamado otra vez estaba en la clase de dibujo. Entré en el aula avizorando la cara de mis ya excondiscípulos. Cualquiera podía servir a mi objeto. Ya al entrar realicé la primera infracción. Las salas de estudio estaban presididas por una imagen sagrada, al pasar frente a ella debía flexarse una rodilla. Desafiantemente no lo hice. El hermano profesor estaba al lado de su mesa de trabajo y me llamó la atención sin que le hiciera caso. Sentí que venía detrás de mí, pero no me volví. Calmadamente saqué el tintero del pupitre que compartía con el alumno que me había denunciado previamente y sin alteración alguna le vertí poco a poco la tinta sobre la cabeza, vi como pasivamente admitía mi agresión mientras le corrían por el rostro lágrimas de tinta. A mis espaldas estaba el profesor con la regla de dibujo en actitud de pegarme. Era fácil comprender que era sólo un amago, pero yo pegué una o dos veces contra el filo reforzado de metal. Una gota de sangre corrió por el borde de mi mano.

—Sangre, dije, tendrás que responder de esto ante la justicia. «¡Estás loco, está loco!» —gritó el hermano retirándose en dirección del rectorado. En el aula se oían gritos y no me importó saber si eran en mi favor o en contra. Me senté al lado de mi víctima que no se movía temiendo que si lo hiciera lo volvería a agredir. «Esto no es contigo, le dije, perdona. No sé si sabes lo que ocurre». «Todos lo saben y me culpan a mí por lo del libro». «No te preocupes. Fue por el pago de la matrícula. Parece que mi padre se ha arruinado». Regresó el hermano profesor diciéndome que fuera en busca del hermano José para que me curara. Yo pensé: Eso quisieras tú, borrar las huellas del crimen.

Don Carlos interrumpe la narración brevemente. Cuando prosigue me dice:

—Pujals, ¿en ningún momento has sentido miedo? Yo no. Hoy estaba leyendo a Soljenitzin. Mira lo que dice:

Carlos Montenegro (1928) en el techo del Castillo del Príncipe. La Habana

Carlos Montenegro (1936) repórter en la Guerra Civil Española

Carlos Montenegro (1948). La Habana

Carlos Montenegro (1954) en Puebla del Caramiñal, Ría de Arosa, Galicia. Regresa al pueblo natal después de 44 años de ausencia

Carlos Montenegro (1969) en el Castillo de San Marcos, San Agustín, Florida. Abuelo de cinco nietos (la sexta nieta no había nacido todavía) y su única hija, Emma

Carlos Montenegro (1980). Tertulia Literaria, Miami

Se incorpora y echa mano de un libro que tiene en la mesa. Lo abre y comienza:

—Página 497 (No me ha dicho el título del libro): «Nuestra capacidad para realizar una hazaña, es decir, un hecho saliente para las fuerzas de un solo hombre, es en parte un asunto de nuestra voluntad, y en parte que es dado o no nos es dado al nacer.

Del libro sólo alcanzo a ver que dice: «Emecé, Impreso en la Argentina». Le pregunto el título de la obra y sin oírme prosigue su relato:

—Pues en aquel momento no tuve temor alguno ni vacilaciones en mi voluntad, aunque yo, con mi experiencia, sé que nada de lo que dice Soljenitzin me fue dado al nacer. No sé si ya lo he dicho, pero lo que hice para librarme de esta humillación del colegio, ha sido lo único que hice conscientemente; el resto de lo sucedido de mi vida, y no han sido pocos, se debieron al dios loco del azar y a mi contradictoria suerte.

—Lo único que faltaba por hacer era escapar del colegio y acusar a mi «agresor». Sólo me preocupaba la llegada de mi padre. Era fácil creer que había sido avisado por el padre rector.

—A la hora del refectorio, hubo un intento disciplinario contra mí para dar un escarmiento: al entrar en el largo salón el Hermano lector que leía, mientras los alumnos comían, la historia del santo del día, me dijo que comería después de los demás, que mientras tanto debería permanecer en la puerta del comedor arrodillado. Le respondí que me quedaría en la puerta, pero que nunca más me arrodillaría ante nadie. Era éste un hermano normando fuerte como un toro y por su cara pasó algo agresivo de lo que se arrepintió enseguida. Quedarme donde estaba era facilitar mi fuga, a menos de diez pasos estaba el portón de salida. El hermano leía caminando a lo largo del salón. Esperé que diera la primera vuelta y al separarse un poco de mí en la segunda corrí hacia el portón. Un gran cerrojo la cerraba pero era fácil de correr. La planta única del viejo caserón-fortaleza estaba a no menos de tres metros de la calle y se llegaba a ella por una estrecha escalera de hierro enmohecido, pegada paralelamente al muro. El edificio había sido construido por el Conde Barreto como refugio en los casos de asaltos de los piratas. Otra escala interior llevaba al patio de recreo que un tiempo, sirvió para los ejercicios y alardes de la tropa. A uno de los lados del patio protegido por altos muros, se veían las bocas de dos o tres túneles en los que los mayores decían que había restos de esqueletos humanos juntos a unas cadenas empotradas en las paredes. Unos afirmaban que los restos humanos eran de los piratas hechos prisioneros y otros de esclavos rebelados.

—Al correr, creí que los gritos estallarían detrás de mí y que el normando con sus grandes piernas podría alcanzarme pero si algo hubo sospechoso fue el silencio absoluto. Si salvaba el portón nadie me alcanzaría en la escalera que me había propuesto saltar a trancos. Lo más que pudiera pasar era que me quebrara una pierna; pero todo lo que resultara en mi daño físico colaboraría a mis intentos. Salvé la escalera pegado con el dorso de mi mano sobre el hierro del pasamanos herrumbroso. Lloviznaba y la calle sin asfaltar estaba enlodada. Al llegar abajo me volví para mirar y nadie estaba en el descanso. Entonces corrí sin freno, doblando en cada esquina que me encontraba. Ahora mi objetivo era encontrar un policía. Como siempre ocurre, éste no aparece cuando se necesita. Alguien gritó a mi paso pero sólo atendería a un uniformado. No detuve mi carrera hasta quedar exhausto. Entonces me miré la mano: después de limpiarla del lodo que la cubría, apenas se advertían los arañazos. Busqué una piedra y con ella, sin poner mientes en el dolor que me causaba, me di con ella hasta que empezó a sangrar. La envolví en mi pañuelo, que en seguida dramatizó mi herida. ¿Qué hacer ahora que estaba sin aliento? Miré a mi redor y me puse en pie espantado. En las vueltas que había dado había venido a caer en el parque que estaba frente al colegio. En la glorieta vi a un policía que tanto había buscado. Me dirigí a él mostrándole la mano ensangrentada. «Tiene que llevarme a su jefe, mire lo que me ha hecho un Hermano. Debo acusarlo». El guardia creyó en el primer momento que quería acusar a un familiar y se excusó diciéndome que no podía abandonar la posta. Cuando le aclaré de lo que se trataba, añadiendo que corría el peligro de que me encadenasen en los fosos, el policía que tenía aspecto de «monosabio», se mostró indignado:

—Vamos, al jefe dirás lo que te han hecho y lo que temes, y lo peor es que la gente no lo acaba de creer.

—El jefe era un sargento y para salirse del compromiso hizo lo que Pilatos y con el mismo vigilante me mandó llevar ante el juez. Ante éste me mostré más prudente y no mencioné los fosos. Le envió un suplicatorio al Padre Rector para que compareciera y a la vez libró una orden para hacer venir a mi padre. Se hizo venir al médico que exclamó al verme la mano herida. «¡...Pero esto es una salvajada!» El médico curó la herida y se fue a hablar con el juez. El Rector del colegio llegó ignorándome, pasó por mi lado con destino a la recámara del juez. La entrevista del rector y el juez duró un tiempo que se me hizo eterno. Al retirarse se tornó a ignorarme de nuevo. El juez salió y tomándome del brazo dijo:

—Ahora tú.

—La cara del juez me asustó. Cuando entramos en su despacho no se sentó en su escritorio; arrastró una silla poniéndola frente a la que me asignó. La acercó tanto que mis rodillas quedaron dentro de las suyas. Me miró detenidamente en los ojos antes de decirme:

—Dime, ¿cómo ocurrió todo? —viéndome vacilar advirtió:

—Tengo los datos completos y tu testimonio no es necesario; pero quiero ayudarte. Por ejemplo, ya sé que las heridas que presentas no las puede causar una regla de dibujo, di.

—Me las hice con una piedra.

—Parece cierto. Me dijo el doctor que era como si te hubieran golpeado con algo muy duro. El caso en sí no merece mayor atención. Sé también en detalle lo que te hizo rebelar. Has procedido egoístamente, sin pensar en tu padre y tu familia. Sabes que de regresar a tu casa pasarás hambre como pudieran pasarla en las suyas esos llamados becados. Por lo que sé; tú no estás hecho a vivir en la calle. Aprenderías, sí, pero probablemente terminarías en la cárcel. Me he condolido de tu suerte y no veo otra solución que volverte al colegio. Tu padre ha delegado su patria potestad en los curas de la institución donde estudias.

«La trampa era perfecta», pensé yo.

—No volveré al colegio por nada del mundo —respondí—. Para eso hablo contigo...

Montenegro nos cuenta que el juez encontró la ocasión que

venía buscando para que los Paúles cancelaran los procedimientos que usaban con los llamados becados por considerarlos contrarios al espíritu de la ley.

—He informado al Rector y ampliaré mi informe a las autoridades eclesiásticas, sin embargo, ésta alega que la orden es extranjera, pero que los niños que educa son cubanos. De no resolverse esa situación tendrán que cerrar el colegio con daño para la Villa. Para hacer posible un arreglo, celebraré el juicio mañana a puertas cerradas o en mi oficina, pero quiero advertirte que tu padre no quiere saber de este asunto. Está muy enfermo y delega su patria potestad en la autoridad del colegio.

A pesar de mis negativas, esa noche dormí en el colegio al que me acompañó un policía del juzgado.

—Al día siguiente cuando comparecí en el juzgado, me asombré de ver mucho público en la sala donde me condujeron, a pesar de haberme dicho el juez que el juicio sería privado.

—Algunos pueden estar esperando una explicación, pues contaba con que este juicio fuera en privado. Muchos, sabéis por qué es... —hablaba el juez mirándome—. El periódico de la localidad condenándome por calumniador se ha hecho eco de rumores desmintiéndolos luego.

«En la Villa se había formado un gran alboroto por mi juicio y escapada del colegio, herido. Algunos acusaban al juez de masón y otros decían: «el pueblo, la voz de Dios, pide que todo se aclare públicamente...».

—Esto hace que el juicio se haga público —prosiguió el juez—. El alumno no ha hecho los cargos que se le atribuyen y que, aún negando su veracidad, con posible insidia enumera el periódico.

—¿Y las heridas que presenta? —gritó alguien.

—¡Ordénese la expulsión del interruptor!

El juez explicó cómo me había causado las heridas y lo que hice antes de la fuga.

—Un caso de alumno inadaptado, pero ¿por qué la reacción del alumno al notificársele el cambio de matriculado a becado, que supone un honor?

A continuación explicó la tragedia del «becado» o «monosabio».

—¡A pesar de las utilidades que alcanzan, conservando íntegros los privilegios obtenidos en el coloniaje! Se ha hablado de conspiración y de masonería. Mi gestión extraoficial y amigable demuestra lo contrario. No creo que la escuela deba ser fábrica de santos, sino de hombres útiles para la vida ciudadana, pero eso escapa a mi competencia.

—Y continuó alegando el por qué debería de acabarse con el sistema de becados que era un sistema de explotación de menores. Habló de que quería evitar el escándalo celebrando un juicio en privado y de cómo las circunstancias lo impedían. El asunto trascendió hasta la prensa capitalina en la que unos atacaban y otros defendían al juez. El periódico conservador de la capital, que más tarde sería llamado *Un mal que dura cien años,* tiró una tea encendida a la hojarasca: «Sólo la minoría de edad salva de la excomunión a un perjuro, ingrato y calumniador, cómplice de una conjura contra una respetable institución religiosa que le impartía gratis el pan de la enseñanza. Un juez ateo, masón por más señas, conductor de la conspiración». La prensa liberal sacó a relucir «la explotación de menores». «Se habla, señores, de torturas y de sombríos fosos de castigo y aún de muerte».

—No ocurriendo nada como no fueran «las salpicaduras de tiburón mientras se bañaba», el caso pasó a ser parte de las nocturnas tertulias domésticas. Aún el radio no había sido inventado. El juez tuvo que fallar entregándome de nuevo al colegio donde mi padre había delegado su patria potestad. Pero pronto salí de allí para mi casa, digo mal, para un cuarto en una azotea de La Habana Vieja, donde mi familia vivía amontonada. Mi padre, desecho, acaso pensó en exorcisarme; mis hermanas mayores, educadas mojilmente, dejaron de gastarme bromas y de emplear el diminutivo para nombrarme; mis hermanos menores me hacían guiños y se tapaban las bocas para sofocar sus risitas. Mi madre, como siempre, estaba a mi lado, silenciosa, moviendo su cabeza dubitativamente:

—¿Qué será de ti ahora? —me decía tiernamente.

—Seré marino —le respondí.

Ya en mis trece años de edad, fui inscrito en la Escuela Pública número 7 de la calle de San Ignacio, de la que me escapaba cada vez que podía y a la que no dejaba de asistir los viernes para trabajar en la clase de carpintería, que me gustaba. Me calmaba las hambres pillando en los muelles de la Alameda de Paula cuando llegaban los barcos que nos tiraban, desde una suculenta comida algunas veces, hasta un solo pedazo de pan otras. Negros y blancos estábamos integrados. Nunca pedí, pero participé de lo que los demás pedían. Uno de los pillos —más tarde periodista conocido— era el más osado: atravesaba la bahía a nado y también ganaba dinero desprendiendo las minas de cobre del fondo de los viveros. Yo, por el incidente de mi expulsión del colegio de los Paúles, tenía cierto prestigio entre ellos. En esta clase de vida no era feliz y quería huir... Cada barco que veía desatracar de los muelles era una esperanza que se me iba. El otro tiempo lo pasaba en mi casa leyendo con la luz del sol y en los plenilunios; y durmiendo a la intemperie. De ahí adquirí la costumbre, ya embarcado, de no acostarme en los camarotes de la tripulación, sino en los puentes, protegiéndome del maleficio lunar debajo de los botes salvavidas.

Esta etapa en la vida de Carlos Montenegro le inspira luego sus cuentos: «El pomo de caramelos» y «El Hijo del mar».

Abandona Montenegro el colegio. La precaria situación económica de su familia obliga al padre a buscar fortuna en otros lares. Corría el año de 1914. Un tío que vive en la Argentina ofrece esperanzas al padre de Carlos Montenegro allí y sufraga los gastos de viaje. La familia entera se embarca y llegan a la Argentina, a Punta Arenas. Allí se establecen por once meses, al cabo de los cuales decide la familia volver a Cuba. Las esperanzas de un nuevo encarrilamiento para la familia resultaron baldías. Ya en La Habana, un día inesperado, el padre de Carlos Montenegro lo lleva a ver a un antiguo amigo que poseía una compañía de barcos que bojeaban la Isla. En un bote de remos cruzan el puerto hacia lo que parecía un cementerio de barcos.

—Ha cerrado la noche. Voy en un bote de remos atravesando la bahía. Mi padre va sentado a mi lado en la popa, y rema un viejo marinero que ha dejado la alta mar. Rema sentado en una nalga para poder volverse fácilmente y ratificar su rumbo. Del enrejillado cuelga un farol que hace de móvil siguiendo el ritmo de la bogada. Alumbra y apaga nuestras caras.

El bote entraba ahora en el surgidero del cementerio y el fuerte olor del mar remansado me llevó a la marisma de nuestra casa en la Puebla. Recordé los grandes veleros de velamen en cuadro que un día comandaría. Ahora sería grumete de un montón de chatarra.

En una oficina se encuentra con el Conde propietario de la compañía, quien recibe amablemente a su padre:

—Hay esperanzas —dice—, la guerra está a punto y el tonelaje subirá. Dará para reparaciones y buen seguro. El muchacho tendrá que hacer méritos y buscar que Dios lo perdone de sus calumnias e ingratitudes con Nuestra Santa Iglesia. El «Julia» se hará a la mar. Por ahora el muchacho no aparecerá en el rol. Si se regenera podrá ser ayudante de sobrecargo. Por ahora tendrá techo y comida y hará de grumete: aprendizaje y obediencia. El colegio consultado ha accedido a perdonarlo, el resto está en manos de Dios. Para ti —señalando a mi padre— siempre será una boca menos.

—Gracias, Conde. Anda, bésale la mano —dijo mi padre.

El Conde y yo nos hicimos los desentendidos. Mi padre no conservaba nada de su orgullo pasado.

En las paredes de la oficina había maquetas de barcos: El «María Herrera», y el «Julia Herrera», los mellizos construidos en Inglaterra, el orgullo de la Empresa. El «María» se fue de ojo, sin dejar una huella en el ancho mar, ni un superviviente. El banquito «Digón y Hermanos», se «enriqueció con los ahorritos de la tripulación desaparecida». Sólo quedaron las viudas llorando y más pillos en la Alameda. Durante unas semanas, José, el conserje de la casa naviera, repartió unas «ministras» y luego nada. El conde comentó: «No soy una casa de beneficiencia». Sé que mi casa recibió por caridad parte de la limosna.

Nos sigue relatando Montenegro que su primer aprendizaje marítimo lo realizó allí bajo la supervisión de Juan, quien había sido uno de los patrones de los barcos de su padre en Galicia:

—No se apene, amo, usted verá como hago de él un hombre —le dijo a mi padre.

Allí terminaron mis meses de pillaje y de hambre, los que habían matado la soberbia que tenía en los Paúles. También contribuyó a ello la situación económica de mi familia y el estado deplorable en que se encontraba mi padre, que era mi orgullo.

—Don Juan será un padre para ti —exclamó mi padre.

Don Juan se había salvado del desastre del «María Herrera». Antes de salir el buque le cayó en las piernas un cartel del cierre de la bodega y fue hospitalizado. Patrón de uno de los barcos de mi padre, nos había seguido a Cuba, eterno solicitante de la mano de nuestra Manuela (ambos morirían solteros).

47

—No se apene, amo, usted verá como hago de él un hombre —repetía Juan, gigantesco, de una gordura de circo. Cojeaba un poco por el accidente en el «María Herrera», Esclavo de dos amores inconquistables: el mar y Manuela, mi presumible tía. En esta ocasión, de contramaestre del «María», hacía de sereno en el «Julia».

—¿Quién lo hubiera pensado, don Ramón? Como grumete podrá jactarse de haber hecho su aprendizaje en las rompientes del Finisterre.

Años antes mi padre me había entregado a él: «Llévalo contigo este viaje y nada de remilgos con él».

El «Julia», por la baja mar, estaba semivarado. La escala sobre la arena. Subí mientras mi padre y don Juan se apartaban a hablar. La cubierta llena de estorbos, hierros y guindalezas. Todo sin más luz que la del cielo. Un sólo farol en manos del contramaestre-sereno. «No se apene don Ramón. Pronto nos aviaremos para salir y usted verá como lo hago un hombre. Yo no, el mar». El silencio dejaba que sus palabras llegaran a mí. Vi que el sereno le daba algo al viejo Caronte. Mi padre quería verme a diario y atravesar la bahía costaba diez centavos. No sentí herida alguna; mis meses de pillaje y hambre me habían curado de la soberbia que me sobró en los Paúles. Quizá don Juan me prestase su farol para pasar la noche leyendo *El Telémaco* que me conservó Manuela. Ningún dios me ayudaría y mi padre era un Odiseo derrumbado.

Unos días después me despertó un ruido antes no oído. Remolcaban al «Julia» hasta el varadero. Nunca hubiera pensado en que barco en seco, tocaría con el tope de sus palos el cielo estrellado. Yo, preso a bordo por padecer el vértigo de altura, por ser incapaz de usar las frágiles escaleras, tres atadas una a otra, para poder bajar hasta los travesaños de la dársena. Media tripulación fue encontrada para hacer navegable al «Julia». (Hay datos en mi cuento «La Hermana», de la colección «Dos barcos», Editorial Caribe, hoy inédita su ampliación con severas realidades aunque acaso perdiendo algo como cuento). El conserje del «Julia», José, era un hombre de bondad. Lo conocí bien, porque en el «Julia» bajado de su varadero, o en sus primeros viajes, no sé, mandaba a las oficinas de San Pedro (sede de la Empresa) la ropa sucia del barco, dos o tres burujones grandes. Él y yo llevábamos el bote de vela que trasladaba la ropa. El viejo (José) solía dejarme en el timón para reírse de mí. Fui aprendiendo. Un día quise dar una bordada para ver de cerca las ruinas del «Maine» que sobresalían en el centro de la bahía. Iba muy ceñido al viento, con el espacio justo para pasar entre las ruinas y el yate presidencial, «El Hatuey», todavía con su proa de violín (después fue modernizado) con su botalón muy sobresaliente. Al pasar por entre los dos quedé sin viento en la vela y el palo de nuestro bote empezó a golpear el botalón de «El Hatuey»: se formó un escándalo como si hubiéramos regresado a la época de los piratas. Fue el primero de mis fracasos como navegante. No sé si ya he dicho, o escrito en otra ocasión, lo que debo a aquellos hombres que me dieron entereza para lo que después confrontaría. Todavía era gente de mar semejante a los arosenos. Con ellos aprendí a decir *haiga* (y a obstinarme en defenderlo): Cinco años más tarde en carta de mi padre: «Si no fuera tan abrumador saberte donde estás, me escandalizaría leer en tu carta tres veces escrito haiga por haya».

1914 - 1918

Ésta es la etapa marítima de Carlos Montenegro y la que inspira muchos de sus cuentos del mar. El «Julia», después de reparado «leva anclas» y nuestro autor, navegando, comienza una nueva etapa de su vida. Los cinco años de travesía y trabajos en los barcos y sus visitas y accidentes en Centro América, México y los Estados Unidos de Norteamérica forjan un nuevo carácter y afianzan la madurez de Montenegro, a la vez que le fortalecen el cuerpo y el espíritu que tienen que resistir los rigores más extremos y vivir en las soledades más profundas. De su niñez desaparece su propensión a las enfermedades, pero su timidez y su imaginación desbordada lo acompañarán por toda la vida.

Sus cuentos «La hermana» y «El discípulo» corresponden a la primera etapa de su vida marinera.

—Once meses duró la carena del «Julia» cuanyo yo trabajaba en él, desde entonces siempre me persigue el número once. Cuando el barco tocó en Puerto en una ocasión, deserté del «Julia» y de tantos padres que querían educarme, algunos con muy buenas intenciones, y otros... Quería seguir escapando. Un motivo más me lo impuso: cuando se descubrió en el «Julia» que era virgen. Me denunció el acné y lo violáceo de mis ojeras: Uno de mis *maestros* dijo: «Aunque tenga que cargarte a la espalda, esta noche te llevo conmigo de putas». Y don Juan contestó: «Si vuelves a repetir eso te parto el lomo». Luego que carecí del pretexto de las escaleras, todos quedaron atentos a mi conducta. Me enrolé entonces en un remolcador de alta mar, del cual deserté nuevamente cuando tocó Puerto Limón en Costa Rica. Allí me fui a vivir con una meretriz, que se aprovechó de mi juventud e inexperiencia y prendida a mis ijares como un vampiro, quería chuparme mi juventud.

Tuve que escapar de sus excesos y estuve de cargador en el puerto hasta que me pude enrolar nuevamente en otro navío.

Estas experiencias le sirven de base a Montenegro para sus posteriores cuentos: «Dos barcos», «Dos hombres sin historia», «El caso de William Smith», y otros.

Al desertar de un barco en los Estados Unidos de Norteamérica, tiene que trabajar en unas minas en la frontera con Canadá, en temperaturas bajo cero; en una fábrica de armas en South Behtlehem, Pennsylvania; y en otros trabajos menos importantes hasta que contrae la influenza en 1917.

De este período de su vida que abarca de 1914 a 1918, nos dice Carlos Montenegro:

—En los Estados Unidos de Norteamérica trabajé en minas, en fábrica de armas, desembarcado cadáveres de soldados muertos en la Guerra Mundial en Europa; recorrí caminos con temperaturas bajo cero a la altura de la frontera con Canadá; me dio la influenza que casi me mató y me quitó la vista de serviola y mi memoria de almanaque. En resumen: a los 17 años era un menesteroso rey de mi libertad. De ahí mis cuentos: «Anazabel»; «Las tres concesiones»; «El porteño»; «Dos viejos amigos», a este último he cambiado su final después de publicado. En México estuve preso en Tampico. Resulta ser que fui a venderle unas pistolas, que se habían salido de una caja en el barco donde trabajaba, a un armero de la ciudad y éste llamó a la policía que me acusó de ser agente estadounidense. De mi estancia en la cárcel en México salieron muchos cuentos: «El beso»; «La sortija» —que he renovado últimamente—; «La cárcel», «La causa», «La fuga», estas últimas una trilogía. De la cárcel huí, a los tres meses, de la enfermería. Fui herido en una reyerta y me apuñalaron. Era viernes. Conducido a la enfermería, me informaron que no me podían coser hasta el lunes porque el médico se ausentaba de allí de viernes a lunes y no había tripilla para coserme. Envuelto en unas sábanas, sin ropa, salté un muro y me largué.

Montenegro se alza la camisa y me muestra una cicatriz en el costado. «Vea usted, quedé marcado por vida». Me informa que en México estaba la revolución en su apogeo, corría el año 1917. Tampico estaba tomado militarmente, no obstante ello pudo huir y regresar a Cuba. Nos relata de sus problemas con los tripulantes de un barco español donde se discriminaba al criollo y al negro. Montenegro hace causa común con los negros y criollos; esto le acarrea enemistades que luego desencadenan la tragedia que lo lleva al Castillo del Príncipe en Cuba donde estuvo preso por 12 años. Nos informa que debido a amenazas hechas en el barco y los muelles andaba armado de su navaja de afeitar. Una noche que estaba sólo dos o tres hombres lo retan y en la lucha sale a relucir la navaja después que él ha sido derribado al suelo por el golpe de un madero que casi le deja inconsciente. Al levantarse se ve cercado e instintivamente, para defender su vida, esgrime el arma lanzando tajos a diestra y siniestra para abrirse paso. Fatalmente uno de los agresores se pone a su alcance y queda herido de muerte.

—Cuando llego a casa todo ensangrentado, me cambio de ropa y salgo con la ropa de mi cuñado puesta. Mi hermana por poco se desmaya cuando me vio llegar y no quería que yo abandonara la casa. Bajo del tercer piso agarrado a un tubo sanitario que se rompe y cuando gano acceso a la calle voy en busca de un amigo y me presento a la policía.

Este episodio lamentable de su vida inspira su cuento: «El enigma». Tiene 18 años. Nos informa el autor que de sus encuentros con la justicia y los encargados de su aplicación viene su desilusión, que nace según Montenegro de la *injusticia* del sistema; no de la justicia, y que por lo tanto, sus cuentos y novelas (una inédita aún) atacan las «injusticias» de la llamada «justicia».

—Primero tenemos que la justicia usa dos balanzas: una para los que se pueden pagar un buen abogado; otra para los indefensos, los que sólo pueden tener para su defensa al «abogado de oficio». Éste generalmente es un burócrata; a veces su función es solamente un paso para adelantar su carrera. Los honorarios que paga el Estado son escasos. Su labor está prejuiciada: la defensa de un presunto criminal. En cambio, un buen abogado puede variar el prejuicio y la calificación de un hecho. La elocuencia está señalada por los antiguos como un mal: puede convertir la noche en día o vice-versa. Bien, males inevitables. Si la elocuencia no basta, el bien situado tiene otros recursos.

Fui condenado a pesar de mi juventud, impropiamente. Precísese el adverbio del fallo de mi caso: «No alega inocencia». Es una muletilla que sólo es útil para alimentar resentimientos. A mi juicio, cualquiera que sean las circunstancias, lo único que conduce a la resignación ante un castigo brutal es la muerte de un ser humano si ésta pudo ser evitada, sea al precio que fuera. Éste pudo haber sido mi caso. Me hubiera bastado admitir una pateadura o escapar de ella. Yo, por mi edad, y los años de vida arriesgada que precedieron al hecho, me dispuse a repeler la agresión a que uno de mis azares me expuso. Rechazo la legalidad de mi condena y creo que para demostrarlo es suficiente ver el primer «considerando probado» de mi sentencia: *No habiéndose podido precisar cómo se iniciaron y ocurrieron los hechos»*. Siendo así no cabía sino mi absolución. Ése es uno de los motivos personales que me hacen condenar a la ¿justicia? ¡Injusticia!, en mi obra. Mis jueces ya están muertos: *descansen en Paz*. No fueron los únicos culpables de mi tragedia o condena. Mi abogado defensor permitió que ellos, durante la vista de mi causa, durmieran la siesta, o por lo menos lo fingieran, en frente de nosotros. Y fallecidos, quiera que no, tienen mi perdón. Me limito a lamentar que en la época de su gestación no hubieran sido inventadas todavía las píldoras anticonceptivas, lo digo por mi abogado. por el juez y por... En mi convicción hay tema para una novela. Voy a relatarle simplemente los hechos o elementos que intervinieron en mi condena y usted juzgará.

Estoy sentado en la antesala del juzgado entre dos escoltas. Por mal que se piense de mí es natural que se admita que me encuentro abrumado por lo ocurrido. En esas condiciones un viejecillo que entra se detiene ante mí. Lo acompaña un hombre joven —al que años después, ya en libertad, yo deberé mucho—. El viejecillo me mira con la atención del que tiene una mosca caminándole por la cara y espera que se detenga para propinarle la muerte con su manita. Ésta se me posa en la pelambre; siento y sigo, entre absorto y asombrado, la leve presión de la mano que parece querer identificar mi perfil. Al fin dice volviéndose a su acompañante: «Un puro lombrosiano». A esto ya había salido a la superficie del hondo charco en que se agitaban mis pensamientos. No estaba al tanto de la palabreja que entonces parecía estar en boga y que la identifiqué por su asociación con la lombriz.

—¡Ah, no, carajo, lombriz, no! —le dije al viejecillo en su carita llena de pliegues—, eso lo será el coño de su madre.

La carita del viejecillo se abrió en una sonrisa que dejó a la vista su cajetilla dentaria. Con mi exabrupto había confirmado su «diagnóstico». Siguió su camino y le pregunté a uno de mis escoltas:

—¿Qué quiso decirme ese mierdita?

—Lombrosiano, y quiere decir asesino de nacimiento —dijo el escolta.

—¡Qué atrevido! —contesté.

—Eso no es nada —sentenció el escolta—, lo malo es que se trata del juez que te va a instruir de cargos.

Me procesó por asesinato. Al día siguiente, ya en la cárcel, vino el médico forense. Debía dar fe de mi cuello inflamado por el golpe de una tranca, lo que no apareció en la instrucción. Aquí aparece ya la participación de mi inefable abogado de oficio. No sé perdonarlo y dejo constancia de su nombre: Dr. Octaviano Camacho. Un jovenzuelo, alumno eminente de la Universidad, hijo o sobrino del Presidente del Tribunal Supremo, que iniciaba su carrera conmigo. Un mes o dos después me llamó al salón de abogados, llevándose las manos a la cabeza, dijo:

—¡Una fatalidad!

Las piernas quisieron doblárseme. Ya mi experiencia me había enseñado que nací bajo el signo de la fatalidad:

—¿Qué voy a ser ahorcado...?

—¡Qué ahorcado ni qué niño muerto! El ponente acaba de modificar el auto del procesamiento. Califica lo tuyo de homicidio.

—¡Qué susto me ha dado! —dije agarrando la felicidad con mis dos brazos—, y esto ¿le disgusta?

—Todo mi trabajo perdido —me contestó—. Quería destacarme con una pena de muerte que era lo mejor para los dos. En el Supremo te sacaría libre. Y ahora ¿qué importancia tiene un vulgar homicidio?

—Si hubiera sido un lombrosiano, allí mismo lo hubiera matado. Lo fui por dejarlo seguir representándome porque, entonces, había colaborado con el viejecillo.

El segundo *considerando probado* de mi causa dice que no se pudo precisar si un segundo atacante me causó una lesión en el cuello. ¿Y el testimonio del médico forense? Eso lo pensé después. En ese momento no hacía más que concederme albricias. ¿Qué enredo habían fraguado aquellos dos seres —el viejillo y mi absurdo abogado— para que el forense se viera en la necesidad de variar la calificación, cuando suele ser el tornillo más duro del procedimiento judicial? La defensa de mi abogado fue tan nula que después tuve la certidumbre que hizo todo lo posible por mantener su esperanza de que fuera condenado a muerte. Yo no sabía nada y además siempre he padecido del miedo escénico. ¿Por qué mi abogado no alegó la legítima defensa? Él simplemente, se limitó a pedir mi absolución por «ser irresponsable criminalmente». Al parecer coincidía con el viejecillo en tenerme por lombrosiano. No fue su único crimen. Dejó pasar el término de mi apelación y mi sentencia se hizo firme sin ir al Supremo, que hubiera casado la defectuosa sentencia. El padre o tío de Camacho, mi abogado «defensor», obtuvo para él un nombramiento de juez correccional. Uno de sus fallos ganó el cintillo de los periódicos: «El que todo lo niega, todo lo afirma; 180 días». Era el máximo que podía imponer. Lo más grave era que las sentencias de este tipo de tribunal eran inapelables. La historia judicial cubana está llena de aforismos, de sentencias salomónicas. El que más contribuyó en este sentido fue el juez Armazán, el cual estableció el derecho de ser parte y juez a la vez. Una vez, al sentenciar a un jugador de bolitas (*) a una multa de $ 180.00, el reo con desfachatez sacó dinero del bolsillo y lo puso en la mesa del juez diciendo: «Como éstos». A lo que contestó el juez: «Búsquese en el otro bolsillo a ver si encuentra 180 días de cárcel». Contra un ingenio como éste quería combatir mi desdichado «ex defensor».

(*) Bolita es un juego ilegal de números muy popular en Cuba.

1919 - 1931

Ya Carlos Montenegro había cumplido los diecinueve años cuando le imponen la sentencia. Comienza su período carcelario del Castillo del Príncipe, en Cuba. Doce años va a permanecer Montenegro allí. Su vida en la prisión va a ser cantera de donde extrae sus cuentos: «El resbaloso», «El prófugo», «El tocayo», «El mudo», «El timbalero», «El beso», «El rayo de sol», que aparecen en su libro *El renuevo y otros cuentos*, 1929. «El nuestro», «El libro», «Macatay», «La cartera», «La herencia», «Reportaje sensacional», y la tetralogía: «El domado», «El iluso», «El incorregible» y «El superviviente», que aparecen en su segundo libro *Dos barcos*, 1934. En su tercer libro *Los Héroes* aparecido en 1941 se abandona el tema carcelario en los cuentos.

No solamente se hace escritor en el presidio Carlos Montenegro sino que también estando en el presidio, contrae nupcias.

—Carente de recursos. Mi familia en la ruina económica. Sin amigos influyentes que intercedieran por mí —había pasado los últimos cinco años navegando y fuera de Cuba—. Desconocido, acepté mi suerte. El destino me deparaba 14 años, 8 meses y un día de cárcel. Acababa de cumplir los 19 años. Fui al Castillo del Príncipe, notoria institución penal de Cuba. Era presidente de la República el general Menocal y un hermano era el director de la institución carcelaria. Esos fueron buenos tiempos. Después vinieron otros dos períodos malos para los presos.

Menocal, el director del penal, solía pasearse cerca de los internados y hasta se sentaba a lo lejos para verlos trabajar. Un día, al principio de estar yo en el Príncipe, me llamó a su presencia. Le había llamado la atención mi juventud y delgadez —pesaba 110 libras—. Era costumbre entre los presos cruzar los brazos, bajar la cabeza pegando la barbilla al pecho y mirar al suelo mientras un superior les hablaba. Cumplí las reglas. Ordenó que bajara los brazos y mirando el número marcado en mi camisa dijo:

—Ocho mil novecientos sesenta y dos, por lo que veo eres un nuevo ingreso.

(Los números asignados a los presos siguen un orden cronológico relacionado con su fecha de ingreso.)

—Sí, señor —contesté.

—¿Causa?

—Homicidio.

—¿Pena?

—Catorce años, ocho meses, un día.

Movió la cabeza negativamente.

—¿Tú quisieras algo que se te pudiera dar dentro del reglamento?

Yo estaba tan emocionado de que el Director del Presidio quisiera ayudarme que titubeé. No sabía qué pedirle. Entonces me acordé que los presos que trabajaban en las oficinas tenían lo que se le llamaba «el uso del cabello», mientras que los demás éramos «raspados al cero» con una máquina de afeitar por un barbero poco escrupuloso que arrancaba dolorosamente, más que cortaba, el pelo de los internados. Pensando esto me dijo:

—Te veo muy delgado, ¿quieres que te apunte en la lista de los presos que necesitan sobrealimentación? Esto te dará derecho a un litro extra de leche diario.

—Sí, señor —contesté de inmediato saliendo de mi estupor, y venciendo mi perenne timidez balbuceé:

—Doctor...

—Sí, sí, dime, estoy deseoso de que me pidas algo.

—Doctor, yo quisiera que usted me diera permiso para sacar libros de la biblioteca y llevarlos a la galera.

—Bien, déjame consultarlo con el bibliotecario para ver si es posible.

La biblioteca precaria de la prisión era accesible solamente durante media hora al día, y su colección de libros estaba basada en donaciones públicas que no tenían orden ni concierto. La biblioteca era pues, más bien un lugar para exhibir al público visitante que para uso de los penados con fines regeneradores o culturales. Llamó el alcalde de la prisión a un preso que fungía de secretario suyo y le hizo tomar nota de mi petición. En pocos días se me concedía el privilegio y pasaba a trabajar a la Pagaduría de la institución penal. Desde entonces, también sin orden ni concierto, comencé a leer libros que sacaba. Trataba de sacar los más gruesos para tenerlos más tiempo. Sin entenderlos a derecha, comencé a leer *Las partidas de Alfonso el Sabio, La historia de Francia,* me hice casi un experto en la Revolución Francesa. Y en esa mezcolanza de libros fui aprendiendo algo de cómo escribir. Trabajaba a la sazón en la Pagaduría, José Z. Tallet, el intelectual, miembro luego del «grupo minorista» y de la *Revista de Avance.* Su amistad me llevó a interesarme por la literatura. Los domingos nos reuníamos en la Pagaduría y leíamos versos y cuentos. Un día me dijo que escribiera un poema. Escribí un alejandrino. Rubén Martínez Villena cuando lo leyó dijo: «Éste no puede ser el último y ¿dice ese señor que no es poeta?». Aquí va el soneto como lo recuerdo de memoria:

El último viaje

Hace ya muchos años que surco el mar. Diría,
que ha sido hasta el exceso, duro mi aprendizaje;
Y, sin embargo, aún soy patrón de escampavía
y mi carta licencia sólo es de cabotaje.

¡Oh, mi ruta de altura! La emprendí en un viaje
en que he ido al garete. Añoré la bahía.
(El mascarón de proa, apuntando un visaje
con su cara de sátiro de mi compás reía.)

¿Seré culpable acaso que tenga mi sextante
un sector que no mida dos tercios del cuadrante
y que mi escampavía en la mar no descuelle?

En la duda, más vale amarrar el navío
y que la inútil bitácora de un puente vacío
sirva de buen refugio a las garzas del muelle.

Montenegro interrumpe el diálogo por una llamada telefónica. Cuando reanuda la conversación nos dice que ha perdido el hilo de la narración que nos hacía y con algunas repeticiones nos da nuevos datos de su vida.

—A los 23 años, fue mi encuentro con José Z. Tallet, empleado libre de la Pagaduría del Penal donde trabajé 8 años. Tallet me dedicaba uno de sus poemas:

Amigo Montenegro, hermano más que amigo,
deja que comparta mis pesares contigo.

Sus pesares, no los míos. Bien, hay que ser agradecidos, él sacó a la libertad mi primer cuento: «El resbaloso»: «Un preso analfabeto que insiste en decir "haiga" porque alega que es lengua marinera. Sin escuela: Antes de preso, marinero de cubierta en barcos de carga, «vagabundo». En ese esquema todo lo negativo, pero con con intención exaltadora, a la que yo me sumaba para convertir, colaborando en un suceso, casi un milagro: las tres cuartillas del cuento «antológico». De haberlo escrito Luis Felipe Rodríguez, Novas Calvo, Enrique Serpa, Félix Pita Rodríguez, Labrador Ruiz o media docena más, no tendría nada de sensacional.

—Me dijo Tallet: «No creen que existes y que el cuento es mío. Que te he inventado.»

Tallet fue mi primer contacto con la cultura. La Pagaduría del Presidio se convirtió los domingos en un cenáculo literario donde se leían los cuentos que escribía durante la semana. Tenía que completar un volumen, para exigir mi indulto. oY en tanto me dejaba elogiar y callaba discretamente y alguna que otra vez barbarizaba. En dos meses ¿1924? quedó terminado el libro que no se editó hasta ¡1929! Las dos revistas de amplia circulación en La Habana, se disputaban mis cuentos. El primero en publicarse, localmente, fue «La escopeta». En la nota panegírica que lo precedía, escrita por mi Mecenas, Orosman Viamontes, salió con una errata que lo indignó, en vez de no sé qué, salió «La séptima maravilla». Lo que a mí no me ofendió ni mucho menos como al doctor Orosman. En la página literaria del *Diario de la Marina* a cargo de Fernández de Castro se publicaban mis cuentos. Gané un concurso con «el Renuevo» y aunque el cuento lo merecía, el premio lo tenía de antemano en el bolsillo. Se identificaba además con un lema: «¿Hasta cuándo?». Pero el anonimato era un fraude. Los que podían rivalizar no concurrieron. Se trataba de mi libertad. De la provincia oriental llegaron las diez mil firmas pidiéndola. Y el *Memorandum*, formalidad previa al decreto de indulto, fue firmado. Ordené mi traje de civil. Ya dije como todo se frustró. Debía ser al comienzo del año 26. Debo a esa impaciencia de «Emilito», que te voy a explicar, haber seguido preso hasta el 31.

—J. Z. Tallet me trajo libros de Rubén Darío e inmediatamente comprendí que yo no era poeta. En la galera nuestra había un negro centenario que había sido esclavo. Allí todo el mundo sabía por qué cada uno estaba condenado, y este negro había sido condenado entre otras cosas por resbaloso (Resbaloso era un esclavo que de noche desnudo se embarraba de manteca y salía a violar mujeres) y nos relataba sus historias. Un día cuando ya había dejado de escribir hice un cuento sobre el negro. Pero el cuento era muy realista y fuerte para la sociedad de aquella época. El cuento, que titulé «El resbaloso», circuló de mano en mano y tardé un año en verlo publicado. Éste fue mi primer cuento. *La Revista de Avance* no fue capaz de publicarlo a pesar de que en números anteriores había publicado un *Canto al bidet*. Fue necesario traducirlo al francés, por el exilado y mártir venezolano Salvador de la Plaza quien lo publica en *El Fígaro* de París, hasta entonces cerrado a nuestro pequeño mundillo literario. Así me inicio yo en el cuento. Animado por los intelectuales de la época, principalmente los de la *Revista de Avance*, que me inducen a publicar un libro, que ellos imprimen para obtener mi libertad. Mis cuentos comienzan a publicarse en las revistas *Chic, Social, Carteles, Bohemia* y la página literaria del *Diario de la Marina*. Ellos me pedían un cuento diario. Ya para el año 1924 o 1925 yo tenía una colección de ellos; algunos se habían publicado. Lo más interesante de esto es que el que escribía era un preso, salido de los barcos, marinero, al que no se le suponía ninguna cultura literaria. En la nota que precede a los cuentos de mi primer libro *El Renuevo*, la tengo como escrita a la ligera, por no decir menos —lo más sería suponerlas escritas por manos poco amigas— aparte de las ridículas generalidades que contiene, hay datos errados que de ser ciertos, mi destino pudo ser otro. En las primeras líneas se lee: «Nació en 1900 de padres cubanos en una aldea de Galicia.» Mi padre era gallego, por sí y por su origen, léase «La escopeta» y este detalle al parecer banal, supera en mucho el accidente de mi nacimiento. La nota no responde al propósito que se perseguía con la publicación de mi libro: la obtención de mi indulto. Para entonces contaba con testimonios valiosos, por ejemplo, una carta de Enrique José Verona al presidente Machado del cual era notable oposicionista. Tenía la ayuda de escritores cubanos y extranjeros que escribían interesados en mi libertad. En un acto de despedida en Madrid al crítico y periodista Suárez Solís, más de veinte conocidos escritores españoles firmaron una exposición en mi favor. Jiménez de Asúa pedía la cancelación de mi condena por ser ésta ridícula, evidenciando un espíritu colonialista del código que se me aplicó. En esos días «El renuevo» ganó un concurso literario de la *Revista Carteles.* Con ese motivo se recogieron espontáneamente más de 10.000 firmas pidiendo mi indulto. Es cierto que yo no contribuí a hacerme grato a mis lectores. Aparecía en mis cuentos como soy, lo que hizo exclamar a un alto prelado de la iglesia: «Lástima que ese muchacho sea tan irreligioso...». También en mi indulto intervino mi típica y contradictoria suerte. Cuando Zayas era presidente, en sus últimos momentos ya estaba firmado un «Memorandum» como formalidad previa al inicio de mi expediente de indulto, cuando Emilio Roig de Leuhchering, Historiador de la Ciudad, de filiación comunista se impacientó y publicó un artículo diciendo: «Únicamente durante el gobierno del imbécil autor de *Al caer la nieve,* puede permanecer en el presidio un escritor como Carlos Montenegro.» *Al caer la nieve,* había sido escrito en el exilio por el doctor Zayas, entonces Presidente de la República, quien me informaron dijo, después de leer la nota de Emilio Roig: «Me corto la mano antes de firmar ese indulto.»

—El premio de la revista itlálica *Carteles lo* recibí en la cárcel. Le pidieron permiso al Ministro de Gobernación y concurrieron los intelectuales al presidio. Muchos se interesaban en saber de dónde yo sacaba el material de mis cuentos. Pues muchos son autobiográficos con mezcla de fantasía; el resto los obtenía de los cuentos que me hacían los otros presos. Como le decía anteriormente, mi libro de cuentos *El renuevo* estaba ya terminado por el año 1925, sin embargo no se publica hasta 1929.

—Resulta ser que hay un concurso literario en la revista *Carteles* y un amigo mío quería que yo concurriera. Yo le dije que no porque en los concursos todo está arreglado. Yo no tenía ningún contacto afuera. Él me cayó; me cayó; y me cayó (insistió). Un día al salir de mi galera para la oficina oigo a dos presos hablando de un caso. Uno de ellos había sido alcalde en un pueblo de Oriente y le narraba al otro el incidente del niño que le cortaron la pierna. Oigo el caso y me dije: voy a complacer a mi amigo, e hice el cuento. Es más, lo hice a lápiz y le dije: «Mira, Tómalo, pásalo en limpio; hazlo en cuadruplicado, y si me gano el premio te voy a dar la mitad». Me dieron cien pesos. Le di cincuenta pesos al amigo y con mis cincuenta pesos fue con lo que le compré el anillo de compromiso a mi mujer.

La *Revista de Avance* (15 de diciembre de 1928; vol. 3).

La *Revista de Avance* (15 de diciembre de 1928; vol. 4, núm. 29, p. 343) bajo el título *Balance literario 1928*, publica un artículo en el que hablando de los libros de José M. Carbonell —18 tomos de: *La Evolución de la Cultura Cubana*— dice:

> «Desde el título —excesivamente genérico— hasta el método —excesivamente simplista— de clasificación por módulos de expresión, adviértese la inquietud de una celosa voluntad solicitada en múltiples direcciones y apenas permitida para avizorarlas todas. Así, también, se explican —y se justifican— algunas inexcusables omisiones (Tallet, Montenegro, Agramonte, Juan M. Dihigo) y muchas dadivosas o coactivas inclusiones.»

Más adelante, en el mismo año expresa la revista:

> «TRIBUTO A MONTENEGRO. En el reciente concurso de la revista *Carteles*, el triunfo de Carlos Montenegro con su cuento «El renuevo», tuvo los caracteres de una consagración.»

Revista de Avance, La Habana, Cuba, 15 de octubre de 1928, vol. 3, núm. 27, p. 294).

—Yo escribía mayormente de lo que conocía, de ahí mis cuentos del mar, de Galicia, de mis travesías y mis desenrolamientos de los barcos para trabajos temporales en tierra firme. Ahí está la cantera de mis historias. Los otros, como posteriormente «La ráfaga», se debió a un viaje que hice; otro por ejemplo en que hablo de las vegas de tabaco, pues un amigo me llevó a ver las plantaciones y ahí me inspiré; en otros la fantasía juega un papel importante. Ahora, yo no tuve escuela literaria. Yo escribía cuentos como podía escribir una carta. No seguía pautas porque no hubiera sabido de quién tomarlas. Es absurdo cuando me atribuyen corrientes que sigo o escritores que me inspiran, si lo hacen obran inconscientemente en mí.

Al principio escribí cuentos porque me interesaba la propaganda que me permitiera obtener la libertad.

El 15 de abril de 1928 aparece impreso en la *Revista de Avance* su cuento «El hijo del mar», dedicado a Juan Marinello. (*Revista de Avance*, La Habana, Cuba, vol. 3, núm. 21, p. 79).

—Más adelante empecé a escribir pagado, pero no vi el producto de mi trabajo nunca. Resulta ser que Mariblanca Sabas Alomá, con quien tuve un disgusto, al visitarme en la prisión con ocasión del premio que recibí, me dijo a una respuesta mía sobre los cuentos:

—Montenegro usted está equivocado, a usted el *Diario de la Marina* le paga $ 15.00 por cada cuento que aparece publicado en su página literaria.

Esto me sorprendió. Esperé la ocasión y hablé con Fernández de Castro, un amigo que llevaba los cuentos al periódico y me dijo:

—Pero mira, Carlos, tú aquí tienes todos los gastos pagados, yo me las tengo que buscar hasta en el vientre de la ballena, y a ti te favorece mucho que yo obtenga que te lo publiquen ahí. Ahora bien, si no estás conforme salgo y te busco el dinero para pagarte lo que he cogido...

—Le dije: no; está bien. No te ocupes de eso. Bastante haces con venir a verme, recoger los cuentos y hacer que me los publiquen.

En las revistas *Carteles* y *Bohemia*, después de salir de la cárcel yo podía publicar un cuento cada tres meses y por ello me pagaban $ 10.00 y tenía que esperar un mes para cobrarlo. Esa era la situación del intelectual. No se podía vivir de eso. Gracias a Dios que yo salí casado de la prisión y mi mujer me mantuvo hasta que me encaucé. Esto es para hacer otra novela.

En el año 1927 o 1928 recibí la primera carta de mujer en mi vida. Decía: «Usted me gusta mucho», y después de un punto aclaraba: «lo leo siempre». Era de provincias. Ya tenía una corresponsal, ya podía escribir libremente sin tener que recurrir a cada frase al diccionario. Cambié la literatura por cartas de hasta cien páginas, y en el año 1929 un escolta me condujo al juzgado para firmar el acta matrimonial (y añade en 1978: «falta solamente un año y pico para alcanzar medio siglo de unión con ella). Es una de las cosas que he hecho de la que no tengo que arrepentirme, aunque ya no «le guste mucho», ni, haga lo que haga, sea capaz de leer una línea mía. No hay matrimonio que dure cincuenta años sin discusiones. Mi matrimonio y relaciones con Ester Emma Luisa Pérez González Téllez constituyeron una leyenda, no sólo en mi medio. Trascendió. Es de considerar los prejuicios sociales y las razones familiares que debió enfrentar mi mujer. Su madre movió cielo y tierra para evitar nuestra unión. Incluso hizo que me visitara el

Secretario de la Presidencia para persuadirme a no contraer nupcias con Emma: «Usted es un intelectual, pero...». Su hermano Gustavo provocó que lo detuvieran para conocerme. Hablamos. Ya después en libertad, tanto su madre como su hermano, también lo fueron míos.

Emma me dedicó un libro de versos: *Poemas de la mujer del preso*, la dedicatoria: «Al exnúmero 8962, mi esposo, Carlos Montenegro». No creo que mujer alguna haya escrito un libro de amor tan intenso sin necesidad de inventarse almas. Con la suya sola expresó nuestro drama, hasta hacer legible, con sus palabras, lo inefable. No es extraño, después de este Canto que yo no haya escrito nunca un cuento de amor. Conservamos de este libro un solo ejemplar. Le he propuesto reeditarlo. Ella está conforme siempre que lo subtitule: *Lo que el viento se llevó*. Se llevó las hojas, pero no las raíces ni el tronco.

En el año 1929 prosigue la actividad literaria de Montenegro. La *Revista de Avance* bajo el nombre de *Indagación*, publica unas declaraciones de Montenegro sobre «¿Qué debe ser el arte americano?» (Revista de Avance, La Habana, Cuba, 15 de mayo de 1929, vol. 4, núm. 32, p. 85):

«Yo que surjo de la ignorancia, no digo América, digo Tierra Virgen (Por escasez de arados y de mentores) ¡Feliz ella! Así, cumpliendo su destino podrá ofrecer un lugar para un surco al chino y al africano, que mañana no serán ni africano ni chino.

Me quedé maravillado cuando supe la construcción del Transandino. Me asombraré aún más el día que sepa que un gaucho argentino le prestó su faca a un chileno para que comiese de su misma res.»

UNA VISITA A MONTENEGRO

«El sábado once de marzo, los amigos y admiradores de Montenegro —el escritor preso cuyo libro *El renuevo y otros cuentos* acaba de editar 1929— le hicieron, con motivo de la aparición de su tan esperado libro, una visita al Castillo del Príncipe, donde se haya aún recluido por obra y gracia de un código penal atrasadísimo.»

(*Revista de Avance*, La Habana, Cuba, 15 de marzo de 1929, vol. 4, núm. 32, p. 92).

—Una de las lacras del sistema penal es la igualdad de la desigualdad. Por ejemplo, el código penal es parejo sin más diferencia que el término de la condena. Tiene una escala. Está bien, es lo que cabe en lo posible. No incluyo la pena capital. Si se aplica es por excepción y una masiva opinión en contra, que en sí misma es una buena defensa. Para aplicarla hay que *pensarlo dos veces*. Se aumenta a cinco los miembros del Tribunal de tres. Tiene apelación de oficio ante la Corte Suprema. Hablo de los condenados a prisión, cárcel o presidio. Aquí en el *régimen penitenciario* es donde la igualdad se convierte en la peor de las desigualdades: hay un solo reglamento. Si la sola presunción ya está prejuiciada y aunque mal defendido por un burócrata, puede ser bien condenado por Magistrados capaces; el ya convicto queda expuesto a que lo parta un rayo. Si mal pagó el Estado para su defensa, lo que paga por su castigo —llámese reforma— es irrisorio. Se ha hecho clásico el hablar del hambre de los maestros de escuela. Nada se dice de la de un escolta o un empelado de las prisiones. Su condición, salvo que pueden entrar y salir de entre muros, es inferior a la de un preso. Su contrata se hace entre los más incapaces, ignorantes y mendicantes. Y ni aun la suerte de los sancionados está en sus manos, sino en la de otros sancionados. En la selección de estos últimos no existe discriminación alguna. Pueden ser elegidos los más hábiles rateros, los criminales más sanguinarios, los más intrigantes, los sodomitas de mayor experiencia, es decir, los reincidentes. La prisión se convierte en una escuela del crimen. El hecho de ser elegidos —«mandantes»— no les concede otro privilegio que el de ejercer su autoridad y como es lo único que tienen, la ejercen, regularmente en detrimento del resto o en beneficio de los más osados a los que temen; y los beneficiados, por supuesto no se dedican a rezar, sino a satisfacer sus pasiones. A falta de empleados idóneos —y la escasez de los que no lo son— la utilización de los sancionados es imprescindible. Pero pudieran ser controlados. Vigente, aunque sea formalmente, la pena de muerte, el Estado le ofrece un estímulo tentador al verdugo (Ministro Ejecutor de la Justicia). Se solicita un voluntario entre los condenados a *perpetuidad* (30 años) la oferta es reducirle lo que le falta por cumplir a 6 años. (Mi cuento «Nuestro candidato».) Sobraban los aspirantes. En mis primeros 8 años de prisión no se ejecutó a nadie. El peso era simplemente moral e insignificante ante la realidad de librarse de 24 años de prisión. Los demás presos no lo aislaban, porque el elegido decía: «Me juego un albur. Si me toca ajusticiar a alguien, renuncio». ¿Por qué no seleccionar a los *mandantes* rebajándole la pena proporcionalmente? Esto lo acabo de improvisar. No soy reformador, que exige tener condiciones para pensar en los pros y los contras. Y mis posibilidades nunca cobraron altura —por otro lado no buscada—; además soy parcial del individuo en oposición a la masa. Eso que me preguntas sobre una línea en mi novela: «El rebaño necesita un guía». Recuerdo que cuando mi novela salió, el director del periódico comunista en que trabajaba, miembro del Buró Político del partido, me dijo refiriéndose a lo mismo: «Hoy, ya no dirías lo mismo». Le respondí a sabiendas que opinaba contra el adoctrinamiento recibido: «Cada día lo creo más». No me refería a la necesidad del guía, sino a la condición de la *masa*. Sería necesario un ensayo completo para desarrollar mis experiencias sobre esto. Voy a una cita. Copio de George Orwell; comenta un himno protestante; «Atrévete a ser un Daniel. Atrévete a ser el único. Atrévete a tener un propósito firme. Atrévete a hacerlo conocer». Y comenta: «Para poner este himno al día habría que cambiar el comienzo de cada renglón por un *No te atrevas*».

—Otra cuestión polémica: Me refiero a las diferencias que existen en las prisiones donde se recluyen presos políticos. Las diferencias insalvables que existen entre los «políticos» y los «comunes». Sicológicamente tienen una explicación. El preso *político,* es regularmente un *rebelde,* pero no siempre es un *revolucionario.* Si no es esto último tratará en todo caso con repulsión a los comunes. La desconfianza que les inspiran no la objeto, pero sí la indiscriminación. En el año 30 yo estaba recluido en una galerita que daba al mismo patio donde recluyeron, entre otros, al Directorio Estudiantil Universitario. Yo era conocido como escritor. Ingenuamente buscaba su compañía y les informaba de los crímenes que es estaban cometiendo en el Presidio Modelo de Isla Pinos. Alguien lanzó una especie: «¿Cómo se atreve éste, siendo un preso común, hablar tan imprudentemente? ¿No será un agente provocador que se nos infiltra para saber de lo que tratamos? Hubo excepciones; pero la generalidad se convenció de mi buena fe sólo cuando publiqué los artículos contra esos crímenes y más tarde acusé al responsable de ellos ante el tribunal que lo juzgó.

—Ningún preso político compareció coom acusador. (En la causa que se le siguió al militar Castells por delitos cometidos durante el desempeño de sus funciones en el Presidio de Isla de Pinos. Montenegro fue uno de los acusadores del oficial). Hago una excepción del puertorriqueño Pablo de la Torriente, que cuando se celebró el juicio se estaba muriendo en España al lado de la República. Algunos de ellos, incluyendo a uno de los jefes que ocuparon el poder después del derrocamiento de la dictadura, defendieron al criminal declarando —lo que no era cierto— que había respetado a los presos políticos. No eran realmente revolucionarios, para ellos «preso común» y mierda era lo mismo. Ignoraban que gran número de los presos comunes lo eran como víctimas del régimen que ellos habían derrocado. Uno de los abogados de la defensa, durante el proceso trató de disminuir el valor de mi testimonio diciendo que era autor de un libro que alentaba el homosexualismo, sugiriendo que yo era uno de sus cultivadores. Me limité a decir lo que era obvio, que mi libro era una denuncia al régimen penitenciario que lo propiciaba. Otro que hizo declaraciones defendiendo al criminal fue Monseñor Ruiz, Arzobispo de La Habana, al que se unió la colonia norteamericana de Isla de Pinos beneficiada económicamente por los trabajos que hizo el militar en la Isla.

Una de mis dificultades como «escritor» es que no puedo dedicarme a varios asuntos a la vez, sin dañarlos a todos. En estas últimas semanas he tenido muchos problemas que me han sustraído de estas notas, o lo que sea, que hago para complacer a usted. Había hecho, entre claro y claro, unas cien cuartillas. Esto es parte de ellas. Mis problemas apremiantes no han cesado, y sus últimos apremios me fuerzan a dar saltos. Quería hablar en detalle y algo hice sobre cada régimen que sufrí en mi prisión. Es cada uno de ellos aleccionador para juzgarme. Como le he pedido un corto plazo, voy a dedicar el tiempo a referirme al último sistema que se implantó en presidio. Para ello tomaré páginas de lo que ya había escrito. Me referiré —o refiero— a la jefatura del presidio por el militar Castell, nombrado al inicio del gobierno de Machado como Supervisor del presidio.

En el año 1926 la vida en el presidio sufrió un cambio radical con la llegada al poder presidencial de Gerardo Machado. En el primer momento se creyó que poco más o menos todo iba a seguir igual. Se nombró para la Jefatura de Presidio a un célebre cacique político. Una nueva canongía estaba en puertas. Antes de la semana ya se sabía que todo cambiaría. El ministro de Gobernación, del cual dependían las prisiones, objetó la designación del político imponiéndole un supervisor: un capitán preboste del ejército. El político renunció. Por diversas causas renunciaron a su vez las autoridades civiles del penal. No hubo discursos ni advertencias previas. Lo primero que hizo el supervisor fue presenciar el rancho que se iba a servir. Dijo:

—Esa es comida para puercos. Lo consignado para la alimentación de los sancionados es igual que la del ejército. La comida debe ser la misma.

Ordenó volcar los peroles y disponer que se hiciera otra comida que se ajustase a lo presupuestado. Traía su propio mayordomo: un sargento retirado del ejército. ¿Dónde estaban las filtraciones? Los empleados y oficiales del penal no estaban incluidos en el presupuesto. Su comedor fue suprimido. Los que por razón de su trabajo no podrían dejar el Establecimiento a la hora del almuerzo, tendrían que pagar el abono correspondiente. Él daría el ejemplo entregando mensualmente un cheque. Se señaló él mismo las horas de trabajo permanente —de 8 de la mañana a 8 de la noche—. Toda la comida sería la misma con excepción de la recetada a los enfermos. Lo segundo que le llamó la atención fue que hubiese presos con el «uso del cabello» mientras otros eran raspados. Cesaría ese privilegio. Una comisión de sancionados empleados en las oficinas de la administración le explicaron la razón de este beneficio. Los presos que trabajaban en talleres recibían un sueldo; los reclusos oficinistas, no. Se le pronunciaba una arruga en la frente que se le atravesaba diagonalmente. Pronto se iba a hacer característica al tropezar con una dificultad. Decidiré —dijo—. Por lo pronto ningún privilegio se mantendrá.

La solución fue disponer que todo recluso conservase su cabello. Para entonces ya se había dispuesto la construcción del «Presidio Modelo», cinco naves circulares de sistema celular. Ya se había levantado la primera con la protesta de los que estaban confeccionando el nuevo código: ¿Cómo construir la jaula antes de saber qué pájaro la va a ocupar? Un cálculo demostró que las celdas individuales no respondían al crecimiento de la población penal. Sería cosa de echar pisos sobre pisos a los 4 ya acordados. Tampoco estaba decidido si el Código consideraría como apropiada la celda solitaria. El Ministro de Gobernación y el de Justicia, añadieron a la Comisión legisladora como observador, al Capitán Supervisor. Ése sugirió algunas ideas. No era cosa de echar abajo la circular ya levantada. Las celdas no serían «solitarias» si así se acordase. En vez de una litera, se pondrían dos. Se habló del aumento de lo presupuestado. El supervisor dijo: Ahorraré lo que se gasta en la litera adicional suprimiendo la reja de las celdas. Una torre en el centro de la circular podrá cubrir la vigilancia de cada piso. Ampliando la supervisión al «presidio Modelo», el supervisor levantó las circulares restantes. La armazón de hierro de la primera fue hecha por expertos profesionales; el supervisor prescindió de ellos y los presos realizaron las obras con una economía en cada una de ellas de cien mil pesos. Las contratas particulares de los talleres del Príncipe, fueron suprimidas atendiendo a las protestas de los sindicatos obreros que alegaban la competencia desleal. En el *Presidio Modelo,* no faltaría trabajo. Se extraería el mármol para la construcción del Capitolio y para el resto de las obras públicas, en extraordinario desarrollo por el nuevo Ministro del ramo. Por el traslado del presidio a Isla de Pinos, donde se estaba construyendo, se produjeron representaciones de la Embajada Norteamericana quejosas por la inquietud que dicho traslado había ocasionado entre los naturales de E. U., en cuyas manos estaba la explotación de los productos agrícolas de la isla. El supervisor pidió que dejaran ese problema en sus manos: tengo la convicción que acabarán bendiciéndonos. Les cruzaré la isla de una red de carreteras sin erogación alguna por su parte. Ya había discutido el problema con los Ministros: ¿Qué beneficios podrían dárseles a los penados que, por lo pronto, perderán lo que ganaban en los talleres? El Supervisor tomó al pie de la letra lo dispuesto por el Ministro de Gobernación: «¿No están condenados por la ley a trabajos forzados? Lo que ganarán será la conservación de la vida». El de Justicia abundó en el argumento. Los que conocieron a los personajes sabían que no se trataba de una frase retórica; y al Supervisor tocaba aplicarla esquemáticamente; a una situación desmoralizada por una sucesión de regímenes ineficaces y corruptores, sólo quedaba un recurso: el establecimiento del terror. Dentro y fuera del ejército, el supervisor gozaba de un alto prestigio social; estricto en el cumplimiento de su deber; padre de una familia honorable, estudioso asiduo de su carrera administrativa; trabajador infatigable. Nadie hasta entonces había descubierto que era un temible esquizofrénico. Quizá los entendidos califiquen de otra manera su forma de locura. Yo le inventé una: locura por la métrica. Una de sus características, que muchos tendrán por cualidad, era su memoria extraordinaria. Aún después de lo que ocurrió durante su mandato, detención y proceso; lo han seguido considerando de estimables dotes excepcionales.

Soy amigo personal de Enrique C. Henríquez, psiquíatra que en uno de sus libros: *Patria o Muerte*, dice sobre este hombre toda una serie de inexactitudes, quizá algunas dictadas por su posición política. No viene al caso que me extienda sobre esto.

Me limitaré a presentar al loco en acción.

Partamos del hecho de que era un fanático apasionado de lo que llamaba «La obra» (su obra). Ésta era el llamado *Presidio Modelo*, aunque existe un hecho, del que me ocuparé, que hace suponer un simulador, doblez muy frecuente en la locura.

Sin auxilio de segundos y sin llevar anotaciones escritas, estableció un *score* para registrar las faltas cometidas por cada preso. Cada falta contaba con un *estrai* que el asumido bateador dejaba pasar sin tocar la pelota. Las faltas eran innumerables y en su mayoría frívolas si no se tiene en cuenta el resultado. En verdad era un nuevo método de terror. Una de las faltas podía ser estar cubierto en el interior de la circular o descubierto si se estaba a la intemperie. A ese efecto les colgaba de su hombro derecho un sombrero de yarey. En cualquier caso de contravención de esta disposición vista por el propio Supervisor, éste le decía al infractor llamándolo por su nombre: «Fulano, *estrai*». Pisar el césped de los alrededores de las circulares, escupir en el piso de las mismas; llevar desabotonado el cuello de la guerrera, no formar a su tiempo en las filas de trabajo de las cuadrillas (imaginen lo más simple) podía significar un segundo *estrai* y con éste la advertencia: «Procura batear a la próxima o saldrás ponchado».

El ser ponchado suponía ser llevado a un gran remanso de río llamado «La Yana» por concentrarse en él las ramas de ese árbol que se usa en la fabricación del carbón vegetal. «La Yana» estaba a cargo de un sargento con varios soldados. El condenado era entregado al sargento, que lo haría trabajar en la extracción de los palos por un tiempo no precisado, tras el cual era liquidado de un balazo. Si el advertido por el segundo *estrai* protestaba del conteo, el Capitán Supervisor le aclaraba: Tal día de tal mes te conté el primer *estrai* por tal falta. Atente a los resultados. «El poncharse, en todo caso fatal, se evitaba «prestándole un servicio a la

Obra». Éste consistía regularmente en una delación. Si dos o más puestos en el segundo conteo conspiraban para producir una acusación, esto daba motivo a formar un tribunal de presos elegidos entre los que tenían galones de sargentos mayores, y si la acusación no era probada, el fallo determinaba el tercer *estrai* con la consiguiente condena a muerte; que en el archivo del Penal figuraba como quebrantamiento de condena y la corespondiente aplicación de la Ley de Fuga.

En ningún caso los trabajos de las cuadrillas podían ser interrumpidos, salvo los días de fiesta nacional y las tardes de condena y la correspondiente aplicación de la Ley de Fuga. Isla de Pinos las lluvias son frecuentes y los que trabajaban en las cuadrillas debían mojarse; el resto que trabajaba bajo techo: taller de mecánica, cocinas, oficinas, etc. debían salir por un tiempo a la intemperie y mojarse lo bastante para no aparecer secos. De esto se exceptuaba a los enfermos; pero no a los empleados que en el «Modelo» todos eran alistados del ejército. En esta mojadura se incluía el propio Supervisor.

Para el Capitán Supervisor solamente eran válidas cuatro recomendaciones. La del Presidente de la República; la del Jefe del Ejército, la del Ministro de Gobernación y la del de Justicia. Toda otra recomendación era considerada por el Supervisor como un intento de desprestigiar su labor en La Obra; y por lo tanto constituía el castigo de ser conducido a «La Yana».

Cuando a la caída del régimen dictatorial, Pablo de la Torriente Brau, miembro del Directorio Estudiantil Universitario, ocupó el archivo del Penal, este extremo de la recomendación, seguido de la «fuga del recomendado» y la siguiente aplicación de la Ley de Fuga dejó testimonio documental de estos crímenes. La invalidez de la mayoría de estos documentos se debía a que correspondían a duplicados de las comunicaciones enviadas a Gobernación y no aparecían firmadas. En el archivo, unidos a una carta autógrafa del Ministro de Justicia, carta que figuró en el juicio, se decía lo siguiente: «Querido Capitán, lamento que el empeño de esos angelitos en volar al cielo, le impidan a usted participar en el almuerzo que le tenía dispuesto». La carta correspondía a un duplicado sin firma donde el Capitán le daba excusas por el «empeño de los tres angelitos». En el expediente de los tres presos, localizados por las fechas constaba la suerte que corrieron los condenados. Las pruebas testificales de los presos sobrevivientes sumaban docenas. Los revolucionarios detuvieron al Supervisor, ya para entonces Comandante, pero el juicio fue demorado por dos años; hasta que otro golpe, liquidó la revolución. Bajo la nueva dictadura militar se celebró el juicio del Supervisor y era notorio que el juicio estaba decidido de antemano ocn la obsolución del loco asesino. Para entonces yo estaba ya en libertad y publiqué en una revista de La Habana una docena de artículos denunciando los asesinatos. En la prensa apareció que el fiscal de la causa me citaba como testigo de cargos. A la sazón ya estaba ordenada mi detención como participante en la huelga general de empleados públicos contra la dictadura.

Fui a ver al fiscal, intelectual conocido por sus libros de historia al servicio de la nueva dictadura. Le dije mi situación; estaba además bajo indulto condicional de dos años; si se me detenía por lo de la huelga y resultaba condenado a más de 30 días, mi indulto quedaba anulado. Le dije también que era público que el juicio estaba arreglado; si era así le pedía que me excluyese de testificar. Su respuesta fue: «No puedo responder por el Tribunal, pero si tú mantienes los cargos, yo no retiro la acusación; y además obtendré garantías para que tú no seas detenido.» Me di por satisfecho y me presenté como acusador. Mi testimonio duró cuatro horas. El resto de los testigos de cargos, traídos del Presidio Modelo, declararon, todos a una, que sus acusaciones iniciales las hicieron bajo presión del Directorio Estudiantil. Pablo de la Torriente, el principal acusador, había muerto en la Guerra Civil Española. El juicio quedó en suspenso para celebrar la segunda parte en el teatro de los hechos. Los norteamericanos que ocupaban Isla de Pinos, defendieron en masa al Supervisor, y el fiscal retiró los cargos. La revista donde publiqué mis artículos (tres de ellos con ligeras modificaciones, como la supresión de los nombres de los acusados por mí, aparecen en mi libro *Dos Barcos y otros cuentos*) se limitó a publicar mi fotografía con un pie que decía: «Carlos Montenegro sustanció sus acusaciones». El Supervisor absuelto fue dejado fuera del ejército y nombrado, al parecer simbólicamente, por el Ministerio de Salubridad, Jefe de Limpieza de Calles de la ciudad de La Habana. Para muchos «preso y mierda» era lo mismo.

Ahora, ¿cuál es el punto oscuro del Supervisor? Estaba bajo el dominio de un preso que llevó al extremo las faltas y delitos que el Supervisor no perdonó en nadie. Durante mucho tiempo el misterio fue objeto de mis investigaciones. El mayor número de las muertes ocurridas en el Presidio Modelo, se le atribuyen a este preso. Ya éste en libertad, cometió asesinato en un pariente suyo por una exigencia de dinero: fue condenado a 20 años, pese al testimonio del Supervisor que ya había cesado en su cargo y que movió sus relaciones para lograr la absolución del asesino. Entrevisté a antiguos amigos del ex Supervisor y la opinión de todos concuerda con la mía: se trata de un misterio indescifrable. La hoja criminal de este hombre me llevaría unas cuantas cuartillas. Ya estaba en libertad cuando la revolución apresó al Supervisor y pudo escapar al extranjero. Regresó cuando la dictadura militar y fue entonces cuando cometió su otro asesinato, por el que fue condenado. Se le atribuyeron otros más en esta ocasión. El preso, durante el gobierno del Supervisor no estaba sujeto a ningún reglamento y vivía, no en las circulares, sino en la propia casa del Supervisor.

El hecho que en estas páginas suprima nombres propios se debe a un respeto elemental por los familiares de los implicados. Por lo demás, todos ellos son sobradamente conocidos.

La última noticia que tuve del alter ego del ex Supervisor permanecía en el Presidio Modelo. Se había hecho miembro de una secta religiosa y dejado crecer la barba. Se le suponía enloquecido y no cambiaba palabras con ningún preso.

La «eficacia» del «sistema pelotero» convirtió a todos los presos en delatores unos de otros. Uno fue ajusticiado porque su compañero de celda se ahorcó. Si se ahorcó fue por ser «enemigo de la Obra», el nuevo paraíso creado por el loco. Nadie, según concluyó el Capitán, se suicida sin mostrar signos exteriores que denuncien su propósito; si su compañero de celda no denunció dichos signos, se tuvo por su cómplice, y por lo tanto otro enemigo de «la Obra». En el libro citado de mi amigo, se dice que el Capitán permitía a sus «mayores» que tuvieran efebos. Nunca supe de un caso tal; y sí de «mandantes» ejecutados por actos de pederastía; fatal necesariamente si se trataba de sodomitas *activos*. En distintos casos, el «pasivo» fue considerado como víctima y perdonado. El testimonio del Jefe de la Revolución que ocupó el poder después de la tiranía o, más propiamente, dictadura (aunque fue sangrienta), dio, se dijo, un testimonio favorable, al asesino, basado en que los presos políticos fueron respetados. Sin embargo, en el archivo del penal, se encontró el duplicado de una comunicación del Supervisor al Jefe de la Policía Judicial, en la que el primero pedía que se sugiriese al Dictador, la formación de un grupo de asesinos que serían indultados para acabar, en unas semanas, con la oposición rebelde de los estudiantes. No se halló respuesta a ese ofrecimiento.

Las infracciones graves, recibían sanción inmediata, independiente del conteo. Éste, no era más que un modo de establecer el terror enloquecedor. No existe la menor duda de la estricta honradez «económica» de aquel hombre. De eso di fe en el juicio que se le siguió, y en lo que era testigo de primera mano por mi trabajo en la Pagaduría, donde, aunque sin responsabilidad legal alguna por mi condición de sancionado, hacía todo el trabajo.

Yo no odio a los militares u hombres en uniforme. Yo no los ataco en mis escritos. Quien diga esto no conoce mi obra como escritor. Cuando en mis escritos censuro la actuación del «hombre en uniforme» no me refiero al soldado o policía propiamente dicho sino al agente represivo más o menos disfrazado con el uniforme. En lo que tengo escrito en el libro *El mundo inefable* con el subtítulo «Resumen» que ya le he mencionado a usted; tengo varias páginas relacionadas con el soldado. No está de más que transfiera algunos párrafos. A la sazón yo era corresponsal de guerra de un órgano comunista en España:

«Ocurre que me obsesionó el recuerdo de unos hombres que vi marchar con caras de destino, siguiendo una hoz que a su izquierda producía silbidos tan extraños como el cruce de un obús, audible aunque invisible; unos hombres, soldados, con la cabeza saliéndose por una abertura del capote para facilitar la siega. Los vi desfilar, cubierta mi cara de rubor por mi subalterna participación en su suerte. Los vi. Pocos no se volvieron al pasar frente a mí que era un punto oscuro en el campo de escarcha. Me avergüenza pensar en el absurdo que, por un momento fugaz, pude ser para ellos una brizna de esperanza. Por desdicha algunos me sonrieron, quizás en un «acuérdate» o en un «abur». Acaso sólo por infelicidad, que nadie mejor armado que el hombre ni más incapaz de usar sus armas. Mi misión era hacerles propaganda para atraer a otros a la misma trampa. Por suerte para mí, antes de entregar mi material, los cables ya informaban de la derrota. Así que no contribuí a envenenar a nadie. Ahora los soldados desfilaban y en ese momento que debió de ser para ellos de largavidencias, no vi reproches en sus rostros por mi presencia ensuciada de impunidad, mientras los primeros que habían pasado acaso ya estarían muertos, tirados boca abajo, con un pedazo de patria escarchada entre los dientes. Y me sonrieron; y yo guardé sus sonrisas como un amargo reproche. Entraban en el dominio de la muerte por una vaguadita, por un caminito de Dios, en el que la escarcha no era suficiente para impedir la irónica supervivencia de unos brotes de hierba de un verde claro esperanza. Marchaban: plaf, plaf, plaf, plaf, plaf-plaf. Contra mi voluntad, sobrecogida, los seguía con la vista fijándome sus últimos gestos. Iban hacia la muerte prematura sin llenar el destino para el que fueron amamantados, y en vez de apostrofarme, me sonrieron. Plaf-plaf; plaf-plaf.

Estaba petrificado, privado de toda ficción. Hacía esfuerzos inútiles para que mi respuesta a su sonrisa no quedase en mueca. Acabé no viéndolos, mis lentes de presbite empañados por el frío o las lágrimas. Mi acondicionamiento se había convertido en agua sucia y el lápiz, hecho trizas, me dolía la mano. Fue a mí, el cronista de su viaje hacia la muerte, lo postrer que vieron, no a sus madres que los habían parido con el dolor cantado por las Escrituras, ni a sus hermanos rapaces para hacerles la última caricia.»

En 1931 Carlos Montenegro es libertado condicionalmente. Sale de la prisión ya casado con la respetable señora Emma Pérez Téllez, de gran talento y cultura, quien fuera profesora de la Universidad de La Habana, autora de libros de literatura y educación, Directora de la *Revista Gente*, colaboradora del periódico *Hoy*; y quien en el exilio publica en Nueva Orleans desde hace muchos años un semanario en español: *Siempre*.

Esta unión produce una hija: Emma, la única descendiente de Carlos Montenegro, actualmente casada con Rafael Piniella, ambos desempeñan sus vidas como arquitectos en la Florida.

Influido por las corrientes en boga, Montenegro ingresa en el año 1933 en el Partido Comunista de Cuba y comienza a trabajar después para el periódico comunista *Hoy*. En 1934 publica su segundo libro de cuentos: *Dos barcos*. Durante una etapa entre 1936 y 1939, desempeña el cargo de Jefe de redacción del periódico *Hoy*. Durante la Guerra Civil española va al frente de batalla como corresponsal de guerra del diario *Medio Día* y allí hace amistad con intelectuales cubanos y españoles que simpatizaban con la República, a la vez que comienzan sus desencantos con el Partido Comunista. A muchos sirvió la Guerra Civil española de incentivo para formar parte del grupo de adictos a las doctrinas de Marx, el caso de Montenegro fue al revés: allí comenzaron sus decepciones. Supo de la conjura para matar a un republicano que se destacaba por su entereza y valentía y cuyo único delito era que al parecer de la dirigencia del partido, «era demasiado inteligente e independiente», dos cosas que el Partido no toleraba. En el año 1936 hay un congreso de juristas en Viena en el que participa Jiménez de Asúa. En la agenda de la reunión está el tema de las prisiones. Esto anima a Carlos Montenegro a escribir a Asúa una carta pidiendo reformas penales a la que planea añadir un cuento que sirva de testimonio de sus quejas. El cuento lo entusiasma, y en 28 días su longitud y trama lo convierten en una novela: *Hombres sin mujer*.

—El nombre de la novela me pareció tan obvio que lo busqué en el texto. Y de ello se me ocurrió el título. Por el mismo tiempo de *Hombres sin mujer* apareció un libro de cuentos de Ernesto Hemingway de título igual, con la pequeña diferencia del plural: *Hombres sin mujeres*. La única vez que me encontré con el célebre autor le dije: «He sido acusado de haber plagiado su título». «No haga caso —me contestó—; las mujeres no figuran en mi cuento, pero los pescadores de que habla no carecían de ellas. Sus hombres sí. El título es suyo. Por otra parte, la novela se publicó sin yo saberlo ni autorizarlo, lo que no me dio ocasión a reconsiderar el título.

—Soy tan bueno o tan amlo escribiendo que, repito, no me creo influenciado por ningún autor ni aun por aquellos que más he admirado. Leí no sé de quién que tenía pasión por Knut Hamsun y que había tratado en vano de imitarlo. Yo hubiera regalado mi pretensa originalidad por lo mismo y no sólo a Hamsun, sino a otros más a cuya cabeza está Horacio Quiroga corriendo con Valle Inclán. En un rincón de mi consciencia se escondía el propósito de escribir un libro sobre mi larga prisión. Deliberadamente, quizás otra posible estupidez, eludí leer todo libro relacionado con el tema de la prisión. Uno pasó la cerca que tenía por protectora: *La casa de los muertos*, de Dostoievski, pero sabía qpe penetrar en lo genial me estaba vedado; lo objeté. A otros célebres o que lo fueron en mi tiempo, los eludí. Por ejemplo, a Víctor Serge: *Hombres en la cárcel*. En parte me alegró haberlo hecho. En ese libro relata una escena que supera en mucho todo lo que yo pude contar sobre el martirio del sexo en las prisiones: Sacan los presos a su paseo diario. Uno de ellos, sorpresivamente, con un pedazo de lata, se corta los órganos genitales y se los arroja a un gato hambriento. Un señor muy inteligente me escribió sobre la novela. El tiempo la ha borrado de mi memoria, pero dos o tres cosas de lo que me decía no las he olvidado. Una es muy interesante y casi la recuerdo textual: «Hay que ampliar el dicho cubano que de chiquito no se vale, añadiéndole que de preso tampoco». Otra la considero un mérito: «Ha escrito usted el mejor libro del mundo en la novela más pésima (sic) que he leído en mi vida». El *empiezo* de la carta es significativo: «Creo que se dará cuenta del esfuerzo que he tenido que hacer para escribirle siendo usted un estalinista militante y yo un combatiene trotskista». Se llamaba Brea, y algún viejo de nuestra provincia oriental lo recordará. Pasó largos años en Europa, creo que en los países escandinavos.

En 1939, por un disgusto con el director del periódico *Hoy*, sale Carlos Montenegro del periódico y pide su baja del Partido. Dos años después es expulsado del Partido Comunista de Cuba en compañía de otros disidentes, entre ellos su amigo de siempre, Rolando Masferrer. «En 1940 trabajé con Masferrer en el semanario que éste editaba».

Nos informa Montenegro que Rolando Masferrer, a los veinte años comandaba el batallón 401 de la Brigada Mixta de la División «El Campesino», del Ejército Republicano. Masferrer, Montenegro, su esposa Emma, que trabajaban en el periódico *Hoy*, órgano oficial del Partido Comunista de Cuba, y otros militantes más, se rebelan contra los cuadros dirigentes del Partido Comunista. El líder del movimiento fue Rolando Masferrer, que acababa de regresar de la Guerra Civil española, donde había sido condecorado y herido. Esta insubordinación contra la corrupción imperante en las altas esferas les acarrea la expulsión del Partido. Masferrer había fundado una revista semanal, *Tiempo*, en cuyas páginas se atacaba duramente a la alta dirigencia del Partido Comunista cubano, citando nombres y datos irrefutables: las amantes que tenían y mantenían los dirigentes, con nombres y apellidos; los dineros que recibían ilegalmente del gobierno y otras fuentes ilícitas; el nepotismo que practicaban; las casas y los automóviles de lujo, en nombre del Partido, usufructuaban, etc. Los nombres de los más destacados representativos del Partido: Lázaro Peña, Marinello, Guillén, Aníbal Escalante, Ordoqui y otros más fueron expuestos en las páginas de *Tiempo*. Más tarde *Tiempo* se convirtió en un periódico y su formato cambió, aunque no su ideología y ataques a los corruptos.

—«Tu padre, Vicente Pujals, conoce muy bien la historia. En sus talleres de San José, en La Habana, en donde se editaba el periódico de ustedes, *Prensa Universal*, fue donde Masferrer comenzó a editar *Tiempo en Cuba* como periódico —me dice.

En el año 1941 publica su tercer libro de cuentos: *Los héroes*.

Más adelante abandona Montenegro *Tiempo en Cuba* para fundar su propia revista en compañía del líder azucarero Sorí Marín: la *Revista Gente*. Muerto Sorí Marín en un accidente automovilístico asume la dirección de la revista Emma Pérez Téllez, esposa de don Carlos.

Durante este tiempo Montenegro hace algunos viajes, entre ellos uno en 1953 a Galicia, España, su terruño natal. Esta visita provoca su cuento «El regreso».

En 1959, al tomar el poder Castro en Cuba, Montenegro abandona la isla y se va a México por tres meses. De allí pasa a Costa Rica, donde permanece más de un año, y en 1962 entra en los Estados Unidos, donde se exilia y reside hasta su muerte.

Al llegar a los Estados Unidos colabora con Rolando Masferrer en sus actividades revolucionarias, y cuando éste comienza a editar su semanario *Libertad*, Carlos Montenegro forma parte de la redacción de nuevo. Allí reproduce muchos de sus cuentos.

Don Carlos Montenegro vivía tranquilamente en su apartamento escribiendo su última novela: *El mundo inefable*, cuando le sorprendió la muerte. Pude ver unos capítulos basados en su período carcelario en México durante la Revolución Mexicana en 1917. De esta novela dice que tiene tres versiones. Se desarrolla en México (Montenegro estuvo preso en Tampico, México). De esta estancia carcelaria surge el cuento «La sortija» y la trilogía I:, «La cárcel»; II, «La causa», y III, «La fuga», los cuales forman parte del libro *El renuevo y otros cuentos* (segunda edición, La Habana: Ediciones 1929, *Revista de Avance*). Según Montenegro, estos cuatro cuentos sirven de base a su nueva novela *El mundo inefable*.

En otra charla con Carlos Montenegro, éste nos repite la historia de su encarcelamiento en Tampico, México. Aunque se trata de un evento ya narrado en este trabajo, lo reproducimos tal y como nos lo contó por aportar nuevos detalles sobre el caso y ser, según él, la base de su última novela.

—El juego es pasatiempo y perdición para el marinero. En el «Monterrey» perdí el poco dinero que había ganado a bordo jugando a los naipes. Esta situación me empuja a apropiarme de unas pistolas que se habían salido de unas cajas en la bodega del barco para así obtener dinero y procurarme una mujer al desembarcar. Mi destino me lleva a venderle las armas a la misma persona a las que venían consignadas, quien me denuncia a la policía y voy a parar a la cárcel.

—La cárcel de Tampico estaba fronteriza con el río Panuco y la Huasteca Taumalipeca, donde Villa campeaba. Eran los años de la Revolución Mexicana (1917). En la cárcel teníamos libertad absoluta dentro de los muros que nos cercaban. Lo único prohibido era saltar el muro. No hice más que entrar en ella y me robaron toda la ropa. Me quedé en calzoncillos. Después tuve que robar a otros que ingresaron más tarde, entre ellos a un norteamericano, y así me vestí de nuevo.

—Allí, tratando de socorrer a un penado que pedía auxilio, fui apuñalado y trasladado a la enfermería. El médico no tenía tripilla para coserme —aclara Montenegro—. De allí me escapé o creí que me escapaba, porque luego supe que todo estaba planeado por las autoridades, que creían que yo formaba parte de una conspiración y tenía cómplices fuera de la cárcel para un contrabando de armas.

—En la enfermería estuve varios días. Sangraba porque la herida era profunda. Decidí fugarme y me lancé al río. Por nada me ahogo. Me así a un madero que con la corriente del río me tiró sobre un puente. Los torrenciales aguaceros habían inundado los contornos. Allí quedé dormido hasta que el dolor de la herida me despertó. Un campesino, compadecido, me recogió y me llevó a su casa. Allí me restablecí y el mismo hombre me llevó al barco en donde escapé de México.

—Fue en la cárcel de Tampico donde aprendí a tallar la semilla del melocotón, lo cual desarrolló en mí la afición a la talla de madera que hoy mi vista no me permite disfrutar.

Este episodio de la vida de Carlos Montenegro origina los cuentos antes mencionados y que según Montenegro son base de su novela *El mundo inefable*.

Sobre *El mundo inefable*, Montenegro escribe:

«En la última década le he dedicado, con intermitencias algunos años. La obra se desarrolllla íntegramente en México, y fue con vistas a ser publicada en ese país. La acción, a mi juicio muy movida y estimo original. Cubre un lapso agitado de la Revolución Mexicana. Villa, activo, aunque no en presencia, en la Huasteca Tamaulipeca... Por unos de mis azares, como ya le he dicho, por el encadenamiento de sucesos sorprendentes, me vi —fui— involucrado en ella. Soy detenido, expuesto a una ejecución sumaria y salvado por un recurso de amparo. Paso tres meses en una prisión originalísima en Tampico. Por otro azar, que parece de una obra de ficción, escapo de dicho control. Tanto mi prisión como los días que siguieron a ésta, me dan la oportunidad de exaltar los momentos heroicos de ese pueblo en sus niveles más bajos si se juzgan con criterio convencional. Es el momento en que la vida y la muerte apenas se diferencian. Las ocurrencias me superan y paso de protagonista a un segundo plano, aunque sin perder contacto con los hechos.

»El libro está escrito y reescrito y estoy en una tercera revisión. Creo que le voy a dar cima en cuatro o cinco meses. Actualmente considero este libro como póstumo y aún inconcluso.

»El estilo es mi habitual, directo, en busca de claridad y precisión. Hasta hoy el libro se ha mantenido inédito. Estimo que interesará principalmente en México, tanto a la juventud como a la generación que es la mía. La sustracción de doscientas pistolas en un barco en que trabajo (norteamericano) y que resulta frustrado, me arrastran a un mundo desconocido, no sólo para mí, sino para muchos de los mexicanos. La publicación de esas "memorias" posiblemente le abrirán las puertas del cine si alguien se dispusiera a adaptarla. Muevo muchos personajes y creo haber logrado algunos retratos típicos. Sin relación con las memorias, descorro un poco las cortinas en un cuento que he titulado: "La sortija de los dioses naguales". En éste figuran algunos tipos que escapan de esas "memorias".»

Estos comentarios venían en una carta que el autor me envió el día 22 de septiembre de 1980. La última carta que recibí de Carlos Montenegro tiene fecha 10 de febrero de 1981. En ella me informaba, entre otras cosas, que tuvo que suspender su trabajo en la novela por una recaída en su enfermedad y se encontraba hospitalizado en el «Mercy Hospital», Miami Florida. Carlos Montenegro murió a la edad de 81 años el 5 de abril de 1981.

ÍNDICE

ÍNDICE

Introducción	7
Introducción	9
Comentarios críticos sobre la obra literaria de Carlos Montenegro	13
El cuento social. Carlos Montenegro y otros	15
Tributo a Montenegro	17
Bibliografía	19
1900-1907	21
1907-1914	35
1914-1918	51
1919-1931	57

1902-1914 35

1914-1918 51

1919-1931 57